KB266619

시민의 길

시민의 길

풀뿌리 민주주의가 일구는 내일의 정치
안성용 지음
시민의 길
단비P&B

우리는 2024년 12월 3일의 거대한 충격을 딛고, 매서운 추위 속에서도 광장을 지켜냈습니다. 그러나 헌법재판소의 결정을 기다리는 동안, 우리는 상식 밖의 판결과 검찰의 비호 아래 내란의 수괴가 당당히 걸어 나오는 참담한 광경을 목격해야 했습니다. 2025년 4월 4일 윤석열 파면 이후에도 석연치 않은 법원의 판결은 반복되었고, 주권자인 시민 앞에 진실한 반성도 사과도 없는 '국민의힘'의 민낯을 매일같이 마주하고 있습니다. 많은 이들이 우려하듯, 민주주의를 위협하는 내란은 여전히 현재진행형입니다.

이 시기에 저는 기독교시국행동의 공동대표로, 비상시국회의의 시민정치위원으로 '윤석열 즉각퇴진 사회대개혁 비상행동'에서 활

윤석열 퇴진 집회 행진이 끝나고

동했습니다. 또 강남향린교회의 장로, 위례시민연대와 송파기후행

동의 공동대표로서 교인들과 송

파 시민들과 함께 늘 광장에 있

었습니다. 한국사회과학연구회

이사로서 긴급하게 책을 출판

하고 글을 발표하면서 시민들과

함께 정세를 분석하고 대응 전

략에 대한 지혜와 힘을 모으고

내란 직후
2025년 1월 17일에 긴급히 펴낸 책

자 애썼습니다. 윤석열 파면 전후에는 '사회대개혁 시민정치행동'의 기획위원장으로, 대선 시기에는 '광장대선연합정치시민연대'의 운영위원으로, 광장 시민의 요구를 정치권에 전달하는 역할을 했습니다.

2025년 12월 15일부터는 하나 더 추가되어 대통령령으로 만들어진 '사회대개혁위원회'의 위원으로 활동하고 있습니다. 광장 시민들이 만든 많은 사회대개혁 의제들을 긴급실행과제 – 지속과제 – 숙의과제로 분류하고, 정부와 국회가 바로 하든지, 시행령을 고쳐서 하든지, 입법을 통해서 하든지, 개헌을 통해서 하라고 요

사회대개혁위원회 출범식, 김민석 총리와 함께

사회대개혁위원회 정책포럼에서 경제민생 분야 주제 발표

우원식 국회의장 면담

들어가는 말

우원식 의장 면담 후 기념사진

구하는 역할입니다.

유사한 활동을 1987년 6월 항쟁에서 처음 했었고, 두 번째는 2016~2017년 박근혜 탄핵 때 한 적이 있습니다. 많은 시민이 한 마음으로 일어나 세상을 바로 잡는 경험을 세 번이나 직접 겪었습니다. 앞으로 또 이런 일을 겪지 않으면 좋겠습니다만 우리가 제도를 확실히 고치지 않으면 그렇지 않을 것이라는 보장은 없다고 생각합니다.

2025년 대선과 함께 새 정부가 출범했습니다. 모든 정부에는 성과와 과오가 공존합니다. 성과에는 찬사를 보내되 실책에는 엄정하고 날카로운 비판을 견지하는 것은 성숙한 시민의 덕목입니다. '빛의 혁명'을 통한 '국민주권정부'의 탄생을 주창하는 이재명 정부이기에, 이러한 시민적 책무는 그 어느 때보다 막중하다고 생각합니다.

저는 오래전부터 우리 시민들이야말로 새로운 가치와 방향을 제시하며 새로운 시대를 여는 주인공이라고 믿어왔습니다. 역사의 고비마다 새로운 길을 개척한 것은 언제나 시민들이었습니다. 특정 정당이나 정치 지도자가 새로운 길을 먼저 연 적은 단언컨대 없습니다. 정치인과 정당은 그저 시민들이 앞장서 열어놓은 길을 뒤따르며, 그 길을 더 넓히고 확장하는 역할을 수행했을 뿐입니다.

그동안 함께 활동해 온 선후배, 동료들이 권하여 책을 출간하게 되었습니다. 제가 이전에 펴낸 책들과는 성격과 분위기가 조금 다릅니다. 사회과학적인 분석 글보다는 함께 나눌 수 있는 내용으로 담으려 했습니다. 지역 활동의 구체적인 사례를 공유해 달라는 요청이 많았습니다. 또한 제가 걸어온 다양한 활동들을 정리하는 것이 저라는 사람을 이해하는 데 작은 도움이 될 것이라는 권유도 있었습니다. 스스로의 발자취를 드러내는 것이 다소 겸연쩍기도 하지만, 이 기록이 누군가에게는 참고가 되기를 바라는 마음으로 용기 내어 책에 담았습니다.

아울러 '빛의 혁명' 현장에서 만난 중년과 노년세대께서 청년세대에 대해 품으셨던 수많은 궁금증에 답하고자, 나름의 분석을 담은 글도 한 편 실었습니다. 이 글이 세대 간의 벽을 허물고 청년들을 깊이 이해하는 데 작은 보탬이 되기를 바랍니다.

'세월이 쏜살같다'는 말이 부쩍 실감 나는 나이가 되었습니다. 외모는 예전 같지 않아도 마음만큼은 여전히 청춘의 열정으로 가득합니다. 이 책을 읽으시는 모든 분 또한 각자의 자리에서 늘 청춘과 같은 빛나는 삶을 사시기를 진심으로 기원합니다. 감사합니다.

2026년 2월, 안성용 드림

차례

들어가는 말

5

01 살아온 길

15

02 우리가 바라는 세상

107

03 지방자치단체 혁신과
풀뿌리 민주주의

131

04 민주화 시대를 겪은
중년–노년세대의 청년세대 이해를 위하여

145

01

살아온 길

◀

유년기,
어머니의 도시락으로
배운 온기

1964년 서울에서 태어나 춘천의 흙을 밟으며 자라기 시작한 건 채 돌이 되기 전의 일입니다. 식당을 운영하시던 부모님의 손길은 늘 분주했지만, 자식들을 향한 눈길만큼은 지극하셨습니다. 한 반에 여든 명씩 북적거리던 시절, 열 명에서 스무 명은 도시락을 싸 오지 못할 만큼 가난이 흔하던 시절이었습니다. 친구들의 허기는 어린 마음에도 시리게 다가왔습니다. 어머니는 당시 귀했던 유리 보온병 도시락 옆에 별도의 반찬통을 따로 담아주셨습니다. 그때 배운 것은 단순히 남는 음식을 나누며 느끼는 우월감이 아니었습니다. 타인의 아픔을 나의 것으로 여길 줄 아는 공감의 태도는 제 삶의 뿌리가 되었습니다.

1972년 춘천 한 사진관에서 찍은 가족사진

어린 시절, 세상은 늘 다정한 듯 보였습니다. 여유 있는 친구 집에서 빌려 읽던 계몽사 전집과 백과사전은 어린 마음을 무한한 세계로 인도했습니다. 하지만 시련은 예고 없이 찾아왔습니다. 중학교 입학 직전 아버지가 세상을 떠나시며 가세는 급격히 기울었습니다. 어머니 홀로 식당을 꾸려가는 고단한 처지였지만, 자식의 기를 살리려는 정성은 눈물겨웠습니다. 형편이 어려워진 뒤에도 어머니는 여전히 두 명분의 도시락을 싸주셨습니다. 밤늦도록 보충수업을 하던 춘천중학교 교실에서, 어머니가 지켜낸 온기를 나누며 학업에 정진했습니다.

그 시기, 삶을 지탱한 또 다른 힘은 '글'이었습니다. 나중에 시인이 되신 국어 선생님께 선물 받은 괴테의 『젊은 베르테르의 슬픔』은 새로운 문을 열어주었습니다. 비록 어린 나이에 그 깊이를 다 헤아릴 수는 없었지만, 이를 계기로 손바닥만 한 '삼중당 문고'를 한 권씩 모으기 시작했습니다. 용돈이 생길 때마다 사들인 한국 근대문학 전집은 중학교를 졸업할 무렵 영혼의 밑거름이 되었습

니다. 책장에 쌓인 책들은 고교 시절 학업의 밑천이 되었을 뿐만
아니라, 시대를 읽고 역사를 통찰하는 눈을 뜨게 했습니다.

'평준화 1세대',
생화학자로서의 꿈을 키우다

1979년, 추첨을 통해 이른바 '평준화 1세대'로 춘천고등학교에 입학했습니다. 입학 전 치른 반편성 고사 결과에 따라 소위 '특수반'에 배정되며 빡빡한 고교 생활이 시작되었습니다. 입학식 당일조차 4교시 수업 후 운동장에서 간략히 식을 치르고, 곧장 5교시 수업에 들어갈 만큼 학교의 분위기는 엄중했습니다. 7시 등교와 밤 10시 하교, 치열한 일상의 서막이었습니다.

학교의 시계는 오직 대학입시를 향해 빠르게 흘러갔습니다. 쉬는 시간조차 마음 편히 화장실에 가기 어려울 정도로 공부를 독려받았고, 선생님들은 명문고의 명예를 지켜야 한다며 매일같이

정신 교육을 하셨습니다. 매주 월요일이면 주관식 서술형의 주초 고사가 기다리고 있었고, 월말고사, 중간고사, 기말고사, 그리고 전국 모의고사까지 일상은 그야말로 시험의 연속이었습니다.

　입시 제도상 비중이 컸던 국어, 영어, 수학에만 몰두하던 분위기 속에서, 대다수 친구들은 암기 과목 시간에 주요 과목 참고서를 펼쳐 들곤 했습니다. 하지만 그런 단조로운 입시 위주의 흐름 속에서도 배움 그 자체가 주는 즐거움을 놓치고 싶지 않았습니다. 국사나 윤리, 지리와 과학 같은 비주요 과목 수업 시간에도 교사의 설명에 귀를 기울이며 끊임없이 질문을 던졌습니다.

　새로운 지식을 접할 때마다 사고가 확장되는 느낌은 입시 공부의 피로를 잊게 하는 청량제가 되었습니다. 교과서 너머의 세상을 궁금해하며 수업에 몰입하는 모습에 선생님들 또한 깊은 관심과 애정을 보여주셨습니다. 단순히 정답을 맞히기 위한 공부가 아니라, 세상을 이해하는 틀을 넓혀가는 과정에서 남다른 보람을 찾았던 시기였습니다. 그 쉼 없는 시험의 파도 속에서도 배움의 즐거움을 지켜냈던 태도는, 세월이 흐른 지금도 무엇이든 본질을 탐구하고 학습하는 체질로 자리 잡았습니다. 새로운 분야를 마주할 때마다 설렘을 느끼고 단순히 지식을 습득하는 단계를 넘어 깊이 있게 파고드는 힘은, 고교 시절 그 치열했던 교실에서 틔운 싹이었습니다.

고등학교 1학년 여름 무렵부터 시선은 교과서 너머 사회를 향하기 시작했습니다. 당시 서울대 본고사의 논술 시험에 대비하기 위해 매일 신문 사설을 읽고, 요약하고, 비평하는 훈련을 한 덕분이었습니다. 집에서 구독하던 동아일보와 강원일보의 사설은 서로 다른 관점으로 요동치던 국내외 정세를 비추어 주었습니다. 중앙 언론과 지역 언론이 다루는 온도 차를 느끼며 세상을 보는 눈은 조금씩 깊어졌습니다.

진로에 대한 고민은 그해 가을부터 깊어졌습니다. 어머니는 그 시절 많은 어머니들처럼 법대나 의대에 진학해 안정적인 삶을 꾸리길 원하셨지만, 일상에서 마주하는 현실은 혼란 그 자체였습니다. 학교 옆 미군기지에서 들려오는 취객들의 고함, 유흥가에서 벌어지는 싸움과 공권력의 무력함, 그리고 시대를 뒤흔든 10.26 사태까지. 판검사가 된다 한들 이러한 시대적 부조리를 해결할 수 있을지 어린 마음에도 의구심이 들었습니다.

고민 끝에 자연계열로 진학을 결심했습니다. 신문에서 유망 분야로 소개되던 생화학을 연구하여 암이나 난치병 치료제를 개발하고 싶었습니다. 과학으로 세상을 이롭게 하고, 그렇게 얻은 결실을 가난한 이들을 위해 쓰는 것이 더 가치 있는 삶이라 믿었습니다. 어머니는 의대에 가기를 바라셨으므로 끝내 화학과 원서를 고집하는 자식의 모습에 무척 서운해하셨습니다.

　훗날 대학에 와서야 의대에서도 충분히 생화학 연구가 가능하다는 사실을 알게 되었을 때, 정보가 부족했던 어린 시절의 선택이 야속하기도 했습니다. 자식의 성공만을 바라셨던 어머니께는 늘 죄송한 마음이 한구석에 남았습니다. 하지만 의대에 갔더라도, 엄혹했던 전두환 정권 초기의 시대 상황을 돌이켜보면 결국 어떤 방식으로든 사회에 대한 고민과 실천을 멈추지는 않았을 것이라 생각합니다.

1980년 고등학교 2학년에 학도호국단 연수로 간 충무수련원에서는 강원·충청 지역 고교의 반장들이 다 모여 반공 교육을 받았습니다. 군대처럼 총검술을 배우고 불침번도 섰습니다. 서슬 퍼런 시대의 억압은 역설적으로 저항의 싹을 심었습니다. 2학년 반장 대표로 스포츠머리와 흰색 운동화 허용을 건의했다가 돌아온 것은 교장 선생님의 권위적인 폭언이었습니다. 미련 없이 반장직을 내려놓았지만, 마음속에는 시대에 대한 질문이 더 뚜렷해졌습니다.

곧이어 5월 광주가 터졌습니다. 신문 기사가 지워진 채 배달되고 흉흉한 소문이 떠돌던 시절, 휴교령으로 귀향한 선배들을 통해 쉬쉬하며 오가던 진실은 고등학생이었던 우리에게도 큰 충격이었습니다. 여름에는 본고사 폐지라는 입시 제도의 급격한 변화까지 덮쳐왔습니다. 중학교 시절 평준화에 이어 또 한 번 겪는 제도의 격변은 교실을 혼란으로 몰아넣었습니다. 뒤숭숭한 분위기 속에서 삼청교육대의 공포까지 학교를 덮쳤습니다. 불량 학생의 이름을 적어 내라는 종용 속에 몇몇 친구들이 자취를 감추었습니다. 야만의 시간이었지만, 그럴수록 배움과 연대의 끈은 더욱 단단해졌습니다. 친구들과 독서 모임을 만들어 의견을 나누고, 주말이면 자전거를 타고 가평과 화천의 물길을 따라 달렸습니다. 시대의 냉기 속에서 서로의 체온에 의지하며 길을 찾던 시간이었습니다.

고등학교 3학년이 되어서는 성적이 부진한 친구들과 학습 모임을 꾸렸습니다. 과목별 공부법을 체계적으로 전수하고 시험 전날이면 서로의 집을 오가며 밤을 지새웠습니다. 다행히 노력한 만큼 결과가 나오는 학력고사 제도 덕에 친구들의 성적은 몰라보게 올랐습니다. 훗날 목사가 되고 강원도청의 국장이 되어 그때의 고마움을 전하는 친구들을 만날 때면, 오히려 그 경험이 학원 강사 시절의 큰 자산이 되었기에 마음 깊이 감사함을 느낍니다.

춘천고등학교 교문에 들어서면 가장 먼저 독립운동의 역사가 서린 '상록탑'이 보입니다. 일제 강점기 항일학생운동 '상록회'부터 내려오던 '상록정신'은 학교의 오랜 자긍심이었고, 이러한 전통 덕분에 선후배가 대를 이어 교류하는 서클 문화가 발달해 있었습니다. 서클 활동을 통해 선배들로부터 학습법과 노트를 물려받고, 대학 생활과 세상에 관한 지혜를 배웠습니다. 선배들이 사주던 짜장면과 탕수육의 온기는 든든한 연대의 증표였습니다.

대학 입시가 끝난 날 대학 1학년이던 선배들이 고3 후배들에게 막걸리를 사주던 전통도 강렬한 기억으로 남았습니다. 교복과 교련복 이외의 옷은 꿈도 못 꾸고 영화관은커녕 빵집 출입조차 금지되던 시절, 시장통 선술집에서 막 시험을 치르느라 탈진한 몸으로 들이켠 막걸리는 성인이 되는 일종의 통과 의례이자 해방 축제였습니다. 제자들의 일탈을 알면서도 시장통을 돌며 슬쩍 술잔을 내밀던 선생님들의 눈감아줌 속에서, 인생의 한 단계를 넘었다는 해방감은 그 시절 우리가 누릴 수 있었던 첫 번째 자유였습니다. 소년들은 술잔을 빌려 비로소 어른의 문턱을 넘었습니다.

입시가 끝난 후 대학 입학 전까지의 3개월은 지적으로 가장 뜨거웠던 시간이었습니다. 대학생이 된다는 것은 곧 시대에 대해 고민하는 지성인이 된다는 의미였고, 선배들과 인문·사회과학 서적을 읽고 토론하며, 교과서 너머의 진실과 마주했습니다. 상당한 분량의 책을 읽으며 세상을 보는 안목을 다듬던 그 시간은, 엄혹한 시국 속에서 행동하는 양심의 무게를 느끼는 변곡점이었습니다.

1982년, 서울대학교 자연과학대학 화학과에 전액 장학생으로 입학했습니다. 의대가 아니라며 서운해하시던 어머니께 다짐했습니다. 훌륭한 생화학자가 되어 암과 난치병을 고치는 약을 개발하고, 큰 결실을 거두어 가난한 이들을 돕고 효도하겠노라고 말입니다. 그러나 설레는 마음으로 들어선 대학 교정은 기대했던 배움의 전당과는 거리가 멀었습니다. 하버드 대학의 원서를 교재로 썼지만, 강의 내용은 고등학교 교육의 반복에 가까웠습니다. 무엇보다 교수들의 강의법은 고교 시절 선생님들의 열정에 미치지 못할 만큼 단조로웠고, 실험과 실습에 묶인 시간은 학생들을 지치게 했습니다. 교육 과정은 사실상 고교 4학년이었으며, 학업에서 지적 흥

미를 발견하기란 쉽지 않았습니다.

더 큰 문제는 학교를 점령한 억압적인 분위기였습니다. 등굣길부터 마주치며 교정 곳곳에 포진해 있던 수백 명의 사복 경찰은 존재만으로도 위협적이었습니다. 점심시간 잔디밭에 대여섯 명만 모여 앉아도 경찰들이 다가와 강제로 흩어놓았고, 가방 속 소지품 검사는 일상이었습니다. 시인의 시집 한 권을 소지했다는 이유로 연행되거나 강제 징집되었다는 소문도 들렸습니다. 특히 인문학이나 사회과학 강의실에는 어김없이 감시의 눈길이 들어찼습니다. 교내에서 시위가 벌어질 때마다 학생들을 무차별적으로 구타하고 팔을 꺾어 끌고 가는 사복 경찰들과 안기부 직원들의 쌍욕 섞인 고함을 마주하는 것은 지독한 고통이었습니다. 학문을 탐구해야 할 대학에 야만적인 폭력이 난무하는 현장을 목격하며, 가슴속에는 참담한 분노가 쌓였습니다.

이런 분위기 속에서 많은 학생이 자연스럽게 학생운동에 몸을 던졌습니다. 아니, 안 할 수 없었다고 하는 것이 더 정확한 표현일 것입니다. 당시 4년제 대학 진학률은 매우 낮았고, 혜택을 누리는 서울대생으로서 대학에 가지 못한 동년배들의 몫까지 사회에 기여해야 한다는 무거운 의무감이 교정을 지배했습니다. 출세주의를 지향하는 이들도 있었으나, 당대 청년으로서 사회적 모순을 외면하지 말아야 한다는 목소리가 압도적인 대세였습니다. 광주를

짓밟고 들어선 군사 독재 정권에 대한 분노는 그렇게 거대한 흐름
이 되었습니다.

　시간이 흐르며 아는 선배들이 하나둘 감옥으로, 또는 강제 징
집되어 군대로 끌려갔습니다. 그 뒷모습을 보며 대학 생활 내내
고민은 깊고 심각해졌습니다. 마침내 1983년, 저는 시위의 선두에
서기로 결심했습니다. 결정을 앞두고 어머니와 어린 동생의 얼굴
이 스쳤습니다. 동생이 받을 충격도 걱정이었지만, 무엇보다 홀로
자식만 바라보며 살아오신 어머니가 받으실 고통을 생각하면 마
음이 몹시 괴로웠습니다. 하지만 독재 정권에 대한 저항과 시대적
모순의 해결이라는 과제 앞에 개인의 안녕을 우선할 수는 없었습
니다. 그렇게 내린 결정은 결국 구속과 징역 8개월이라는 형기로
이어졌습니다.

　1984년 3·1절 특사로 감옥 문을 나섰습니다. 자유를 되찾은 기
쁨보다 먼저 마주한 것은 시대를 짊어진 선배들의 묵직한 존재감
이었습니다. 출옥 학생 환영회에서 만난 고 김근태 선배는 차분
하고도 단단한 성품으로 깊은 인상을 남겼습니다. 장영달, 이해찬
선배 등 '민주화운동청년연합'을 결성했던 60~70년대 학번 선배
들을 마주하며, 제가 가야 할 길은 시위의 선두를 넘어 더 낮은
곳으로 향해야 함을 깨달았습니다.

당시 학생운동권 내에서는 이른바 '존재 이전'이 본격화되던 시기였습니다. 가난하고 힘없어 억울함을 감내해야 했던 노동자, 농민, 도시 빈민들과 삶을 같이하며 그들의 문제를 해결하고자 현장으로 뛰어드는 것이었습니다. 저는 공장에 들어가기 위해 출옥한 선배, 동료들과 함께 충정로 한국기독교장로회 선교교육원 내 '신명교회'에 출석하기 시작했습니다. 그곳은 안병무 박사를 비롯한 굴지의 신학자들이 '민중신학'의 싹을 틔우던 곳이었으며, 시대의 고뇌와 신앙이 뜨겁게 교차하던 현장이었습니다. 그로부터 25년이 흐른 뒤, 안병무 선생과 김경호 목사가 세운 강남향린교회의 교인이 되고 장로가 되어 신앙생활을 이어가는 현재를 돌아봅니다. 충정로에서 민중의 아픔을 논하던 청년의 발걸음이 어쩌면 "하늘의 뜻이었나?" 하는 생각이 듭니다.

신명교회에서 공장행을 준비하던 동료들과 함께 채비를 마치고 인천의 한 주물공장에 취업했습니다. 훗날 언론은 우리를 '위장취업자'라 불렀으나, 현장에서 마주한 삶은 결코 위장될 수 없는 실체였습니다. 무거운 철물에 손발을 찧는 일은 일상이었고, 야근과 철야가 반복될 때마다 얼굴은 쇳가루와 석탄가루로 새까맣게 뒤덮였습니다. 탄광 다음으로 힘들다던 그곳에서 오래 일한 노동자들은 대부분 검은 가래를 뱉어내며 하루를 버텼습니다. 출근 시간보다 일찍 나와 청소하고 퇴근 후 정리 작업은 기본이며, 일요일도 쉬지 못한 채 몸을 갈아 넣어야 했습니다. 밥값과 작업복값마저 임금에서 공제되는 현실이었습니다.

무엇보다 견디기 힘든 것은 비인간적인 대우였습니다. 20~30대 관리자들이 40, 50대 노동자들에게 예사로 쌍욕을 퍼붓고 잡일을 시켜도 누구 하나 항변하지 못했습니다. 화장실조차 눈치를 보며 다녀와야 했던 그들에게 공장장은 하느님이었고 사장은 옥황상제였습니다. 인간으로서의 존엄성은 공장 문턱을 넘는 순간 없었습니다. 말로만 듣고 글로만 보던 노동자의 실생활은 예상보다 훨씬 비참했습니다. 그때까지 힘든 육체노동을 겪어본 적 없던 제게 주물공장의 일상은 그 자체로 거대한 충격이자 지독한 일상적 고통이었습니다. 훗날 1987년 노동자대투쟁 당시 공장 곳곳에 내걸린 "우리도 인간이다, 인간답게 살고 싶다"는 절규를 보며, 저는 쇳가루 범벅이 된 채 검은 가래를 뱉어내던 그 선한 눈망울들을 떠올렸습니다.

전두환 정권 당시 시대상

전두환 정권은 집권 후반기, 장기 집권을 위해 공안 정국을 조성하며 민주화 세력을 강하게 탄압했습니다. 1986년 봄, 서클 후배로 가까웠던 미생물학과 김세진이 서울대학생들의 '강제 전방입소'를 반대하는 투쟁 과정에서 분신 사망했습니다. 5.3 인천 투쟁 후에는 민통련을 비롯한 재야 민주화운동 전체가 수배당하고 고문을 받는 등 탄압이 심해졌고, 매일같이 위장 취업자 검거 소식을 보도함으로써 사회 전반에 공포 분위기를 조성하고 노동운동의 씨를 말리려 했습니다. 여름에는 공장에서 일하던 서울대 여학생이 부천경찰서에서 조사를 받는 과정 중 성고문을 당하는 사건이 터졌고, 가을에 있었던 건대 투쟁은 단일 사건으로 1,288명이라는 가장 많은 구속자를 발생시켰습니다. 전두환 정권은 개헌 요구를 잠재우고 민주화운동 세력을 분쇄하기 위해 수많은 학생과 지식인들을 '북한의 지령을 받는 간첩'이나 '폭력 혁명 세력'으로 둔갑시킨 대형 조직 사건들을 발표했습니다.

1987년 1월 박종철 학생이 사망했습니다. 경찰은 "책상을 '탁' 치니까 '억' 하고 쓰러졌다"고 발표했지만 당시 부검의의 증언과 부검 내용으로 그 파렴치한 거짓말은 무너졌습니다. 결국 경찰은 물고문 사실을 시인하고 박종철을 고문했던 조한경과 강진규를 구속했지만, 전두환 정권에 대한 불신과 분노가 들불처럼 퍼졌습니다.

4월 13일 전두환은 국민의 직접 선거 요구를 거부하고 기존 헌법에 따라 체육관 선거를 유지하겠다는 4·13 호헌 조치를 발표했습니다. 민주화운동 단체들은 물론 종교인, 대학교수, 문학인들의 시국선언이 줄을 이었고, 전국에서 정권의 장기 집권 음모를 비판하고 개헌을 요구하는 시위가 일어났습니다. 천주교 정의구현 사제단 김승훈 신부의 발표로 박종철 고문치사 사건이 축소·은폐되었음이 폭로되며 전두환 정권에 결정타를 날렸습니다.

마침내 5월 27일, 재야 민주화운동 세력과 야당이 힘을 합쳐

'민주헌법쟁취 국민운동본부'를 결성했습니다. 여당이던 민주정의당에서 노태우를 차기 대통령 후보로 지명하며 '체육관 선거'를 통한 권력 세습을 공식화하려던 6월 10일에 맞춰 '박종철 고문 살인 은폐 규탄 및 호헌 철폐 국민대회(6·10 국민대회)'를 열기로 결정하였습니다. 6월 초부터 대학생들은 각 대학별로 연일 집회와 시위를 벌였습니다. 6·10 국민대회 하루 전날인 6월 9일, 연세대 정문 앞에서 시위 중이던 연세대생 이한열이 경찰이 발사한 최루탄에 직격으로 맞았습니다. 그가 피 흘리며 동료의 부축을 받는 사진이 다음 날 신문에 실렸고, 전 국민의 분노는 걷잡을 수 없는 폭발력으로 이어졌습니다.

뜨거운 공분 속에서 6·10 국민대회가 열렸고 거리는 '호헌 철폐', '독재 타도', '민주 쟁취'라는 구호를 외치는 사람들로 가득 찼습니다. 이 대회는 단순히 학생들만의 시위가 아니라, 전 국민이 독재 정권에 맞서 '민주화'라는 하나의 목표로 결집한 역사적 정점이었습니다. 정권의 6.29 선언이 발표될 때까지 20일간 전국적으로 매일 평균 100회 이상의 시위가 동시다발적으로 일어났고 이것이 바로 '6월 항쟁'입니다. 6월 항쟁으로 마침내 긴 세월의 군사 독재 장기 집권의 사슬을 끊고 민주주의 제도가 시작되었습니다.

6월 항쟁의 도화선에 불을 붙인 이한열이 사경을 헤매다 7월 5일 끝내 사망하였고, 그의 장례식은 7월 9일 '민주국민장'으로 치러졌습니다. 운구 행렬은 연세대학교 본관과 신촌 로터리를 거쳐 서울시청과 광화문을 지나 광주로 이동하여 망월동(이후 국립 5·18민주묘지)에 안장되었습니다. 운구 행렬이 지나는 동안 서울 100만 명, 광주 50만 명 등의 추모 인파가 운집하여 슬픔과 미안함을 나누었습니다.

87년 6월
뜨거운 민주화의 한복판에서,
그리고 그 이후

　86년 하반기부터 87년 6월 항쟁까지, 공장에 투신한 동료들과 민주화운동 단체의 선배들과 함께 정세를 분석하고, 글을 쓰고, 유인물을 만들어 배포하는 등의 일을 했습니다. 그리고 6월 항쟁이 한창일 때는 시위의 전국화를 위해 매일 밤새가며 활동했습니다. 몸은 힘들었지만 새로운 사회에 대한 희망과 기대가 컸습니다. 6월 10일 이른바 넥타이부대로 불리던 직장인들이 적극적으로 가세하면서 '우리가 이긴다'는 확신이 들었습니다.

　1987년 하반기에는 민주통일민중운동연합(민통련)에서 활동했습니다. 당시 재야 민주화운동 세력은 대선에 대해 크게 후보단일화론, 김대중 후보에 대한 비판적지지론, 독자후보론의 세 갈래로 다른 입장이었습니다. 결국 재야와 야당들의 견해를 좁히지 못했습니다. 대통령 선거에서 김영삼-김대중 후보가 단일화하지 않고 완주하면서 결국 노태우가 당선되었고, 6월 항쟁으로 헌법 개정과 제6공화국 출범을 이루긴 했지만 온전한 승리로 이어지지 못했습니다.

6월 항쟁 이후 1991년까지 멈추지 않고 현장에서 노동운동과 민주화운동을 이어갔습니다. 책을 번역하면서 세계적인 흐름을 연구하고 운동의 논리를 세우는 한편, 노동자와 활동가를 교육하며 지속가능한 운동을 위한 철학과 전략을 전수하였습니다. 1989년부터 노동운동은 노동자들이 스스로 주도하는 단계가 되어, 전국적인 규모의 교사 단체, 노동운동 단체, 농민운동 단체, 빈민 운동 단체들이 만들어졌습니다. 더는 현장에서 직접 뛰지 않아도 될 만큼 운동의 뿌리가 뻗어 나가고 있었습니다.

한편 1980년대 후반부터 1990년대 초반까지 베를린 장벽이 무너지고, 소련이 해체하면서 이른바 '현실 사회주의'가 붕괴되었습니다. 냉전이 사라졌고 노태우 정부는 이른바 '북방정책'을 주도했으며 남북한이 동시에 유엔에 가입했습니다. 한국과 소련이 수교했고 1992년에는 한국과 중국이 수교했습니다. 한국은 물론 세계

에 새로운 질서가 열렸습니다. 우리나라에서는 경실련, 참여연대,
환경운동연합 등의 시민단체 시대가 시작되면서 이른바 혁명의
시대는 막을 내리고 개혁의 시대가 열렸습니다.

12년 만의 졸업,
일타강사가 되다

'우리 사회는 앞으로 어떤 사회가 되어야 할까? 나는 무엇을 해야 할까?'를 고민하며 서울대에 복학했고 1993년 여름에 졸업했습니다. 입학한 지 12년 만의 졸업이었습니다. 진로에 대해 고민이 많았습니다. 운동권 출신 다른 선후배 친구들도 마찬가지였지만 생계유지가 가장 큰 숙제였습니다. 홀어머니가 계셨고 대학생 동생이 있었지만 돈은 없었습니다. 그사이 결혼하여 갓 태어난 아들이 있었고 아내는 아이를 길러야 했습니다. 운동권 출신은 일반 기업 취업이 차단되어 있었고, 인문사회과학 출판사는 이미 학생운동 출신자들로 가득 차 일자리가 없었습니다.

결혼식 주례를 서주신 박형규 목사님

자구책으로 입시학원 강사로 방향을 전환하는 이들이 생겼습니다. 80년대 민주화운동에 투신했던 이들 중 상당수는 명문대생이었고, 그들 대부분은 '학업 능력'이라는 유일한 자본으로 학생을 가르치는 것은 가능하겠다고 판단했습니다. 이미 학원 강사로 일하던 선배들 중에 서울역 앞 대입학원에서 수학 강사로 일하던 75학번 공대 임국진 선배로부터 학원을 해보자는 제안을 받았습니다. 94학년도부터 학력고사가 폐지되고 미국식 대학수학능력시험이 도입되며 대학별 본고사가 부활될 테니 여기에 맞춰서 수학, 과학 전문학원을 하자는 것이었습니다. 강사를 직접 할 사람들이 각자 1천만 원씩 내고, 어느 정도 궤도에 오르기까지는 월 80만 원씩 동등하게 월급을 받고, 각자 영역을 나눠 책임지고 운영하는 방식이었습니다. 형식은 주식회사인데 내용은 협동조합 방식이었습니다. 69학번, 73학번, 75학번 두 명, 79학번, 81학번, 82학번인 저까지 총 7명이 함께 학원을 차렸습니다. 이름이 아직 유명해지기 직전이던 대치동에 미래탐구학원을 설립했습니다. 이후 주인이 몇 번 바뀌었지만 아직도 꽤나 이름이 알려진 곳입니다. 생물학과 출신 75학번 선배와 과학을 맡아 초등학생, 중학생, 고등학생의 과학 이론 수업과 실험실장을 담당했습니다. 교과서와 참고서들을 분석하여 실험 커리큘럼을 만들고 필요한 기자재와 약품 등을 종로 3가에 가서 구입했고 안전사고에 대비한 실내 공사도 직접 했습니다.

학원은 개원과 동시에 학생들로 꽉 찼습니다. 수학, 과학 전문학원이고, 강사들이 전원 서울대 출신이라는 점도 신뢰를 주었습니다. 학원 로비에 설치한 우리나라 토종 민물고기 수족관과 제대로 된 실험실을 본 학부모들이 만족했고 학생들은 직접 실험하는 것을 무척 좋아했습니다. 과학 실험 실습 영역은 후에 현재의 '와이즈만'으로 성장했습니다.

학원은 선풍적 인기를 끌었고 학생들이 급격히 늘어, 우리는 사범대, 자연대, 공대 선후배들을 학원으로 데려왔습니다. 이듬해 초에 공동 창업자이자 수학을 담당하던 선배 4명이 모두 종로학원에서 스카우트 제의를 받았고 초기의 협동조합 방식 운영이 어렵게 되었습니다. 미래탐구학원에서 일한 지 1년 후 강남의 청솔학원(지금의 이투스)에서 수학을 가르쳤고, 후배들과 함께 송파에서 학원을 설립했습니다.

학원을 열며 한국 주요 대학 본고사 입시 문제들을 분류하고 비교 분석하여 출제 예상 문제들을 만들고, 수능 대비를 위해 미

국의 SAT 자료를 확보하여 같은 방식의 준비를 했습니다. 문제 적
중률이 뛰어나고 지도를 잘한다는 소문이 나며 학원은 문전성시
였습니다. 6년간 거의 쉬는 날 없이 주말도 강의가 있었고, 연이
은 수업 때문에 매 끼니는 쉬는 시간에 학원 뒤편 식당에서 배
달된 짜장면과 백반으로 해결하던 때였습니다. 수학경시반, 고3
학생과 재수생만 직접 가르쳤는데, 20명씩 한 반을 이루어 매년
약 20개 반을 맡았습니다. 해마다 서울대 연고대, 전국 의대 등에
400~500명을 합격시켜 대형학원들과 견줄 정도였고 어떤 해에
는 전국 10등 안에 7명을 배출한 때도 있었습니다.

당시 서울에서 가장 유명한 수학 강사가 3명 있었는데 모두 안
씨 성을 갖고 있어 '쓰리 안'이라고 불렸습니다. 1970년대에 이름
에 '병'자가 들어간 종로학원 강사 세 분이 '쓰리 병'(이중 한 분이
전두환의 딸을 지도해 달라는 이순자의 요구를 거절했다가 80년에 보
안사에 끌려가 고초를 당했다는 이야기가 전설로 내려온다)으로 불렸
던 것을 이어 당시 학원가에서 붙여준 별명입니다. 저도 우리나라
굴지의 재벌 그룹들에서 자녀에 대한 개인 지도 제안을 받고 거절
했지만 다행히 고초를 당하지는 않았습니다.

IMF이후 실직 가장이 늘고 한부모 또는 조손가정 등 형편이
어려운 학생들도 늘어 약 10~15% 정도의 학생을 무료로 가르쳤

습니다. 대학에 들어간 제자들은 스승의 날이나 명절에 많이 찾아왔습니다. 청소년들이 꿈을 가지게 돕고, 우리 사회를 위해 좋은 역할을 하도록 독려하는 스승의 역할은 즐겁고 보람되었습니다.

학원을 운영하면서 내 집 마련은 물론이고 고생하신 어머니께도 집 한 채를 사드릴 수 있었습니다. 함께 일하는 선후배 강사들 20명이 계모임을 만들어, 총액의 90%는 해당 차례의 사람이 가져가고, 10%는 사회에 기부하는 모임을 6년간 이어가기도 했습니다. 후배 강사들의 생활 안정성을 높이고, 생활이 어려운 활동가 선후배들을 돕는 차원이었습니다.

칠판을 지우고 스크린을 켜다,
인터넷 창업 1세대

경제적 여유는 얻었지만, 입시 교육의 최전선에서 사교육자로 살아가는 시간이 길어질수록 회의감이 차올랐습니다. 학부모들은 사회 경제적으로 중산층이 대부분이었지만 상층도 제법 많았습니다. 학부모 간담회나 개인 상담을 하며 자연스럽게 그들이 재벌과 대기업의 오너와 경영자, 고위 공직자, 국회의원, 로펌 대표, 언론사 고위급, 대학교수, 종교계 지도급 인물 등인 것을 알게 되었습니다. 그들의 자녀들은 대부분 성격이 밝고 예의도 바르며 공부도 열심히 합니다. 그러니 그 아이들이 명문대에 들어가고 다시 상층을 차지하게 됩니다. 민주화와 평등을 외쳤던 제가 정작 사교육 현장에서 '경제적 여유가 있는 아이들'에게 질 높은 교육을 제공하며 계급 재생산과 부익부 빈익빈에 일조하고 있다는 사실이 마음의 짐이 되었습니다. 어려운 형편의 학생들을 무료로 가르쳤지만 그것만으로는 부족했습니다. 여전히 세상을 더 좋게 만들고 싶다는 마음에 이끌려 결국 선후배들에게 학원을 맡기고 그만두게 됩니다.

1999년 말 당시 벤처기업이 즐비하던 포이동에 '온투라인'이라는 인터넷 기업을 차리고 자본금 10억으로 벤처사업에 뛰어들었습니다. 김대중 정부가 정책적으로 강하게 추진하기도 했고 인터넷이 우리 사회의 상당 부분을 긍정적으로 해결하고 새로운 미래를 열 수 있을 것 같았습니다. 당시는 야후, 라이코스가 맹위를 떨칠 때였고, 한국에서는 다음이 활약할 때였습니다.

제가 했던 두 개의 아이템 중 하나는 'AI agent 서비스', 우리말로 '인공지능 비서 서비스'였습니다. PC의 창에 말(음성)이나 글을 입력하면 바로 필요한 내용을 알려주는 방식으로 만약 '오늘 삼성전자의 주가는?'을 입력하면 '150,000원' 같이 즉답하는 방식입니다. 당시는 슈퍼컴퓨터가 없던 시절이라 전국의 개인용 PC를 연결하려 했습니다. 즉 개인들을 연결하여 광대한 네트워크를 구축하는 것입니다. 예를 들어 어떤 이는 특정 정보나 물품을 팔거나 주고 싶고 어떤 이는 사거나 받고 싶은 것을 연결할 수 있습니다. 당시 음성 인식 분야에서 가장 앞서있던 고려대 교수팀, 정부 기관인 ETRI, 그리고 음성 파일을 가장 많이 가지고 있는 KT와 협업했습니다. 데이터 모음은 현재의 구글이 해온 방식으로 진행했는데 매우 힘든 작업이었고 주위에서 이해하기 어려운 도전이었습니다. 내부에서도 '돈 먹는 하마'라고 했는데, 지금에 와서야 구글 등 일부 기업에서 가능하게 된 일을 25년 전에 시도했으니 너무 빨랐다는 생각이 듭니다.

다른 아이템은 만화입니다. 어릴 때부터 만화를 보며 자랐지만 만화가 아직 B급 문화 취급을 받던 때라 이런 편견을 깨뜨리고 싶었습니다. 만화를 그리거나, 스토리를 쓰고 싶은 이들을 모아 팀으로 묶어 작업하고, 작품이 올라오면 독자들이 평점을 매기는 방식으로 콘텐츠를 생산했습니다. 만화 관련 각종 정보를 제공하고 만화평론가협회와 협업하여 젊은 작가들의 등용문이 되고자 노력했습니다. 정부 주관 만화 지원사업의 대상 시상금이 500만 원이었는데 1,000만 원 상금을 걸고 홍보했습니다. 또 서울도 마찬가지지만 특히 지방에서 구하기 어려운 각종 만화 관련 용품들을 판매하는 쇼핑몰을 운영했는데 이 파트는 매출과 이익이 크지 않더라도 독보적인 위치를 다져 나갔습니다. 운영하던 만화 웹사이트를 통해 후에 일간지 만평을 그리는 작가도 탄생했으니 보람 있던 일입니다. 이것은 나중에 KT에 매각했는데 그 후 KT가 다시 '다음'에 매각했고, '다음'이 이를 토대로 만든 것이 지금의 '웹툰'입니다. 현재 K-컬쳐를 대표하는 한 장르로 성장한 것을 보며 남다른 감회를 느끼게 됩니다.

1999년 말부터 2000년 말까지 당시 출근 시간대 라디오 프로그램 중 가장 청취율이 높았던 SBS 〈봉두완의 SBS 전망대〉에 안성용의 '인터넷 산책'이라는 코너로 매주 10분씩 1년간 출연했었습니다. 매일 새로운 인터넷 서비스나 기술이 나올 때라 인터넷 트렌드를 한걸음 먼저 이해한 사람으로서 청취자들에게 그 의미나 사용법을 설명하는 역할이었습니다. 비나 눈이 내려 올림픽 대로가 막히는 날에는 택시 안에서 방송했던 기억도 나고, SBS 구내 식당의 아침 식사도 기억도 납니다.

팍스넷과의 인연 ◀

최근 이재명 정부에서 대통령 공약대로 코스피 지수가 5000을 넘었습니다. '팍스넷'은 주식 투자를 하는 분들은 모두 아는 한국 최고의 주식 정보 사이트입니다. 창업자는 서울대 생물학과 75학번인 박창기 선배인데 그도 학생운동 출신에 자연대 선배라 80년대부터 알고 지낸 사이입니다. 박 선배는 대기업에 입사하여 영국과 미국에서 오랫동안 일했는데, 설탕의 재료인 원당 등의 선물 현물 거래를 하며 익힌 방법을 토대로, 본인이 스스로 주식의 매매 프로그램을 만들어 개인 사이트를 운영하며 그 기법을 사이트에 올렸다고 합니다. 주식 거래의 핵심은 무릎에서 사서 어깨에 파는 것인데, 이것이 큰 인기를 끌자 직장을 그만두고 팍스넷을

창업했습니다. 후에 한국에서 일반화된 '프로그램 매매'의 원조가
박 선배였습니다.

99년 하반기에 벤처기업을 창업한 지 얼마 되지 않았을 때입니
다. 어느 날 박 선배가 아침 일찍 회사로 부르기에 가보니 팍스넷
의 임원 두 명과 함께 있었습니다. 박 선배가 "안 대표, 기업 소개
와 아이템 설명을 10분간 해봐요"라고 하기에 얼떨결에 화이트보
드에 써가며 설명했고, 우리 회사의 성장 가능성을 놓고 문답을
주고받았습니다. 제가 당시 젊은 세대의 문화를 잘 이해하고 있던
것이 팍스넷 임원들이 보기에 설득력이 있었던 것 같습니다.

그러더니 이번에는 박 선배가 팍스넷의 현황을 설명하며, 사용
자 숫자와 사용자가 머무르는 시간은 기하급수적으로 늘어나는
데(기업 입장에서는 추가 설비 투자와 관리 인력을 늘려야 해서 비용
이 많이 들어간다), 수익 모델은 광고밖에 없어 걱정이고, 제휴 요
청이 물밀듯 밀려오는데 어디와 손을 잡아야 하는지가 고민이라
며 업체들을 거론했습니다. 그리고 팍스넷에 투자하겠다는 곳이
줄을 서는데 이것도 결정해야 한다고 했습니다. 투자 유치와 제휴
는 전략적 판단과 그에 따른 결정이 필요한 매우 중요한 문제였는
데, 당시 팍스넷 임원진은 회사가 워낙 빠른 속도로 성장하다 보
니 처리해야 할 업무량이 너무 많았던 것입니다. 박 선배가 제 생

각을 묻기에 소신껏 대답했고 제휴시 장단점에 대해 설명했습니다. 임원진들 보기에 그 판단이 마음에 들었는지 그 자리에서 바로 여러 개의 제휴 건을 결정했습니다.

그다음이 놀라운 사건입니다. 박 선배가 "안 대표, 자금 얼마나 필요해? 현재 자본 구성이 어떻지?" 하고 묻기에 "자금 필요 없는데요? 자본금은 충분합니다"라고 대답했습니다. 그는 "팍스넷이 투자했다고 하면 여러모로 도움이 될 거야"라며 그 자리에서 바로 1억 원 투자를 결정했습니다. "대신 앞으로 힘들더라도 주 1회는 여기 와서 아침에 여러 가지 의논하는 데 도움을 줘"라고 하셨고 그러겠다고 대답하고 회사로 돌아왔습니다. 우리 임원들에게 아침에 있었던 일을 전달하니 모두 환호하며 좋아했습니다. 다들 팍스넷을 잘 알고 있었던 것입니다. 다음날 팍스넷에서 투자금 1억 원이 입금되었습니다.

팍스넷 이야기를 조금 더 하겠습니다. 팍스넷은 당시 한국 벤처 기업으로는 처음으로 골드만 삭스에서 500만 불을 투자받았습니다. 액면가의 50배였습니다. 뒤이어 일본의 히카리통신에서도 액면가의 80배로 투자를 받았습니다. 박 선배는 벤처기업 부회장을 맡고 벤처 육성 정책을 위해 TV토론에도 출연했습니다. 코오롱의 이웅렬 회장이 재벌 2~3세를 모으고, 박 선배가 안철수 대표 등 유망 벤처기업가들을 모아 'V소사이어티'를 만들며 벤처기업 생태계 구축에 노력했습니다. 그리고 내수만이 아닌 수출 모델을 만들려 무던히 애썼습니다.

2000년 1월 1일, 박 선배가 집으로 불러 가보니 박 선배 외에 임원 한 명과 변호사 한 명이 있었습니다. 팍스넷은 투자받은 자금으로 당시 국내 벤처기업들에 투자하고 있었는데, 나중에 투자받은 기업들을 위한 네트워크 모임에 가니 50개가 넘었습니다. 박 선배는 정보와 매매 기법을 토대로 한국에서는 온라인 증권사를 하고, 팍스넷을 미국, 일본, 홍콩, 중국, 영국, 유럽 등 글로벌기업으로 확장할 계획이었습니다. 설명이 끝나고 제게 "네가 한국 팍스넷 대표를 맡아줘라. 지금 시작한 기업은 후배들에게 넘겨주고"라고 하기에 정말 깜짝 놀랐습니다. "저는 주식은 아무것도 모르는데요?"라고 답하며 겁이 덜컥 났습니다. 박 선배는 "생각해 봐, 그리고 결정은 빠를수록 좋아. 그렇지 않으면 나도 내 꿈을 못 펼쳐"라고 하셨습니다.

창업한 지 얼마 되지도 않은 때라 결국은 박 선배에게 밖에서 돕겠다고 말씀드렸고 선배는 서운해하셨습니다. 팍스넷은 급성장을 지속했는데 제가 기여한 부분이 하나 있습니다. 월 3만 원, 월 10만 원, 월 100만 원짜리 교육 과정을 만들어 온라인과 대면으로 주식 교육을 하는 것입니다. 학원 운영 경험이 있어 제안한 아이디어였는데 제법 큰 도움이 되었습니다. 팍스넷 이후에 경제신문사들이 '주식 강좌'를 만들었는데 그 원조가 팍스넷입니다.

결국 박 선배는 글로벌기업을 만들지 못했고 뵐 때마다 늘 송구한 마음이었습니다. 만약 제가 맡았다면 박 선배나 저나 인생이 크게 바뀌었을지도 모릅니다. 누구나 가지 않은 길에 대한 미련이 남기 마련입니다. 팍스넷은 후에 'V소사이어티'에서 함께 활동했던 SK 최태원 회장에게 매각되었습니다. 박 선배는 여러 사업과 의미 있는 사회활동을 했는데 참으로 발상이 남다르고 스케일이 큰 분이셨습니다.

기업 운영은 쉽지 않았습니다. 기업은 자영업 성격의 학원 운영과 전혀 달랐습니다. 학원이 성실, 근면하고 학생 및 학부모와 의사소통을 잘하고 그들에게 필요한 것을 성심껏 돕는 등의 인간관계 중심으로 운영되는 반면, 기업은 조직 내부의 서로 다른 파트들의 이해관계를 조율하고 무엇보다 효율성을 추구해야 했습니다. 우리 회사의 경쟁자는 동종 업태나 서비스 사업자가 아닌 전혀 다른 분야에서 나타났습니다. 기업 간 경쟁이 얼마나 무서운지 깨닫게 되었습니다. 우리 회사 임원들과 팀장급의 상당수는 기업 운영 경험이 적었습니다. 30여 명 직원들에게 급여를 충분히 주고

복지를 우선해서 챙기며, 주식회사지만 가능한 협동조합 방식으로 운영하는 일은 쉽지 않았습니다. 사회운동과 학원 운영으로 익힌 지식과 기업 운영의 현실은 너무나 달랐습니다. 벤처기업 4년 만에 그간 모은 돈과 선후배들이 투자한 돈을 포함해 30억 원을 썼습니다. 직원들의 급여와 퇴직금을 주기 위해 저의 집과 어머니에게 사드린 집까지 모두 팔아야 했습니다. 인생 수업료를 비싸게 지불했습니다.

농산어촌에 피어난
희망의 교육

2004년 학원으로 돌아가 수학을 가르치다 2006년 말 중·고생 온라인 학습을 지도하는 인터넷 교육업체의 CEO로 영입됩니다. 학원 강사와 인터넷 기업 활동 경력을 평가받은 것입니다. 이 기업은 한국의 대표적인 교과서 업체의 자회사였습니다. 중학생 부분은 1위였지만, 고교생 부분은 경쟁력이 미약했고 매출 규모도 수십억 원밖에 되지 않았습니다. 경쟁력을 강화하기 위해 신규 투자가 필요했고, 또 새로운 수익 모델을 만들어야 했습니다. 영입 당시 스카우트 비용을 크게 받았는데 약속했던 금액의 절반만 현금으로 주고, 나머지 절반은 주식으로 받는 대신 취임 이후 신규 자금 30억을 투자하겠다기에 받아들였습니다. 이유는 그간 제가 고민하던 새로운 교육모델을 실행해 볼 수 있을 것 같았기 때문입니다.

　이상과 현실의 괴리를 줄이는 노력이 중요했습니다. 교육환경이 열악한 농산어촌 군 단위 학생들에게 온라인 교육 콘텐츠를 제공하고, 주말 이틀은 대치동 강사들을 시골 학교에 파견해 가르치는 교육모델을 만들었습니다. 농산어촌에는 한부모 가정이나 조손가정이 많았습니다. 집에 여유가 있거나 성적이 우수한 학생들은 중학교로 진학하면서 어머니와 함께 가까운 도시로 빠져나갑니다. 남은 학생들은 기초 학력 미달 학생이 많았고 패배 의식이 강하며 대부분 학습에 열의를 가지지 않았습니다. 한편 교사들은 군으로 발령이 나면 이사를 오는 경우보다 가까운 도시에서 출퇴근하는 경우가 대부분이었습니다. 학생들 의욕이 낮으니 교사들도 힘들어했습니다.

　도시에 비해 시골은 땅이 넓고 마을들이 흩어져 있습니다. 작은 하천 위에 다리 하나 놓는데도 수억 원이 필요합니다. 인구 소멸은 이제 모두가 아는 일입니다. 지방에서는 선거 때마다 공장을 유치해서 일자리를 늘리겠다는 공약이 빠짐없이 등장합니다. 하지만 기업들은 여러 가지 이유로 시골에 공장을 짓기 어려운 상황입니다. 그렇다면 교육 문제로 인구가 빠져나가는 것을 방지하

횡성군, 강원도교육청과 공교육 지원사업 협약식

는 정책은 의미 있을 것이라고 생각했습니다. 지방의 군수님들을 만나며 교육모델을 설명하니 예상보다 반응이 좋았습니다. 가장 먼저 강원도 횡성군이 사업을 약속했고 이어서 양양, 정선, 태백 (시), 충남 서천, 경북 영덕이 시작했습니다, 이후 경북 울진, 전남 고흥, 장성, 보성 등에서도 사업을 진행했습니다. 규모에 따라 차이가 있으나 년 3~5억 원 정도의 예산을 군에서 부담하고 학생들은 무료였습니다. 회사는 군 예산으로 강사비와 온라인 콘텐츠 구축 비용, 관리 비용으로 지출했는데 학습 수준이 낮은 학생들을 위해 온라인 교육 과정을 전부 촬영하고 교재를 만드는 데 연 10억 원 정도의 비용이 들어갔습니다. 매출은 커졌지만 몇 해는 적자를 크게 보는 일이었습니다. 국민의 세금으로 조성된 예산인만큼 군도 우리도 매우 엄격하게 예산을 집행했습니다. 실은 교육부나 광역 교육청이 해야 할 일을 민간 기업이 대신한 것이었습니다.

한 해 동안 40~50개 군을 방문하며 8만 킬로를 뛰었습니다. 사업은 성과가 있었고 사업을 결정한 군에서는 학부모들과 학생들의 기대가 높았습니다. 학생들의 의욕이 살아난 것이 가장 보람 있는 일입니다. 양양군은 사업 첫해에 서울대 진학 1명, 서울 소재 대학과 강원대에 두 자리 숫자가 진학하는 큰 성과가 있었는데, 군수를 포함하여 군 직원들과 학교 관계자들, 그리고 우리 강사들과 직원들이 모두 합심하여 만든 결과였습니다.

한국어 교육과
코스닥 기업의 대표

또 하나 병행한 사업은 외국인에게 한국어를 가르치는 사업이었습니다. 다문화 가정이 늘어나고 한국에 오는 외국인 노동자들도 늘고 있었으며, 중국과 일본에서는 한국어에 대한 수요가 커졌습니다. 마침 '외국어로서의 한국어 교육학과'가 대전에 있는 배재대에 처음 만들어졌는데, 학과장이 이 분야 우리나라 1호 박사이자 잘 아는 선배였습니다. 그 선배와 의논하여 배재대 교수팀과 협약을 맺고 영어, 중국어, 베트남어 교육 콘텐츠를 만들었습니다. 다문화 가정 중 중국, 베트남, 필리핀 순으로 숫자가 많았고, 영어는 나중에 미국을 염두에 두었습니다. 이 콘텐츠와 서비스 개발에도 10억 원 정도를 투자했습니다. 한편 북경과 상해의 한국어 교육 현황과 학원을 조사했고 상해에 한국어 학원이 있어 두 도시의 현황을 파악했습니다.

그 와중에 본사와 갈등이 생겼습니다. 원기에 약속했던 신규 투자를 차일피일 미루더니 급기야는 당시 회장님의 병환으로 2세들과 3세들에게 산하 기업들과 재산을 나누어 주는 중이라 투자가 어렵다는 것이었습니다. 결국 우리는 임원 회의를 통해 자체적인 증자를 하기로 결정하고 임직원들과 강사들이 15억 정도 증자를 했습니다. 그러다 재산 상속 문제로 본사 내부 갈등이 첨예화되면서 결국 회사에서 나오기로 결정했습니다. 그간 개발했던 '공교육 지원 사업'과 '한국어 사업'은 제가 받았던 주식을 도로 돌려주고 현금을 일부 주고 매입해야 했습니다. 공신력 문제로 사업을 접기는 어려웠기 때문입니다.

송파구청 맞은편에서 인터넷 교육기업을 창업하여 공교육 지원 사업을 이어가면서 본격적으로 한국어 교육사업을 시작했습니다. MBC와 제휴하여 MBC의 드라마, 음악, 다큐 프로그램 등 모든 방송 컨텐츠를 '한국어 교육용'으로 가공하여 전 세계에 판매하는 독점권을 받았습니다. 한국의 드라마와 노래로 한류가 막 시작되던 시기와 맞물려 일본에 진출한 유명 남자 연예인이 세운 기업과 아이돌 그룹을 양산하던 대표적인 엔터테인먼트 기업들에서 많은 러브콜을 받았습니다.

상해에 있던 학원을 인수하고 학원을 3개로 늘렸습니다. 당시 중국 대학생 중에는 중국에 진출한 한국기업에 취업하려는 이들이 많았습니다. 또 한국 유학을 원하는 학생도 많았고, 한국 문화에 관심이 큰 일반인들도 상당수 있었고, 한국기업들은 중국인 관리자급에 대한 한국어 교육을 필요로 했습니다. 삼성전자, 하이닉스, 코오롱, SK, 포스코 등 중국에 진출한 기업들의 한국어 교육 위탁을 하였습니다. 상해의 학원은 현재도 운영되고 있습니다.

그러던 중 코스닥 상장사였던 엔터테인먼트 기업 '엔터원'이 교육 사업 확장을 위해 합병을 제안해 왔습니다. 합병 후 사명을 '팍스메듀'로 변경하고 각자 대표 체제로 전환했으나, 6개월이 지나도록 당초 약속했던 합병 조건들이 이행되지 않았습니다. 결국 저는 다시 경영권을 분리하여, 제가 처음 창업했던 본래 회사의 경영에만 전념하게 되었습니다.

2012년 기업을 정리했습니다. 20년 가까이 학원과 기업 관련 일을 하면서 보람도 많았고, 법인세를 제외하고도 종합소득세나 근로소득세로 매년 수천만 원, 많을 때는 5천만 원 이상을 납부할 정도로 경제적 여유도 얻었습니다. 그 과정에서 상심한 경험도 무척 많았습니다. 물론 그동안에도 김근태, 이동섭 선배가 변형윤

교수를 모시고 설립한 '(사)따뜻한 한반도 사랑의 연탄 나눔 운동'과 신경림 시인, 정희성 시인을 모시고 여러 선배들과 함께 만든 '(사)한강길' 활동이나, 북쪽에 나무 심기와 자전거 보내기 등의 활동, 정승일 박사와 함께 한 '복지국가 소사이어티' 등 여러 활동을 꾸준히 했습니다. 정당과 시민사회단체에서 활동하는 선후배들을 돕는 일도 지속했습니다.

강남향린교회를 만나다

2010년부터 아내와 함께 송파에 있는 강남향린교회에 출석하고 있습니다. 교회는 80년대 '민중교회'의 정신을 가지고 있었고, 교인들은 각종 사회 문제에 대해 적극적으로 실천하고 있었습니다. 저는 평소 '진정한 혁명은 개개인의 내면적 변화가 동반될 때 비로소 완성된다'는 신념을 지니고 있었습니다. 이는 20세기 세계사의 질곡을 반추하며 얻은 결론이었습니다. 조금 더 나은 사회, 함께 바꾸어 가는 사회 그리고 꾸준한 실천 운동이 중요하다고 생각했습니다. 교인들과 자주 어울리면서 혹자들이 말하는 '운동이 사라진 시대'에 '전혀 새로운 운동이 탄생하고 진행되는 것'을 보았습니다. 과거 학생운동이나 노동운동 출신들이 아니라, 생활

을 통해 거듭나며 일상에서 시대와 세상을 바꾸어 나가려는 분
들을 만난 것입니다.

'이제 경제활동은 그만두고 사회활동을 해야 하지 않나?'하는
마음이 점점 더 커졌습니다. 그러던 중 기업을 정리하고 시민사회
운동에 전념하게 된 데는 진보정당들의 분열과 박근혜 정부 출범
이 결정적이었습니다.

박근혜 정부의 출범,
사회운동으로 돌아오다

2012년 대선 막바지에 불거진 국정원 댓글 사건은 이명박 정권과 박근혜 후보 진영이 권력을 동원해 개입했다는 의혹을 낳으며 박근혜 정부 출범 이후에도 거센 후폭풍을 일으켰습니다. 2013년 정부 출범 후 국가기관인 국정원의 조직적 정치공작 정황이 점차 선명해지자, 시민사회는 진상규명을 요구하며 강력히 반발했습니다.

8월 1일 민주당의 촛불집회 참여로 장외 투쟁이 격화되자, 정권은 8월 5일 김기춘 비서실장 내정과 8월 28일 내란음모 사건 발표라는 강수로 대응하며 정국을 순식간에 공안 국면으로 전환했습니다. 시민사회는 11월까지 특검 도입과 대통령의 결단을 촉구하며 민주주의 수호를 위한 집회를 멈추지 않았습니다.

결정적인 균열은 종교계에서 시작되었습니다. 11월 22일 천주교 정의구현사제단의 사퇴 선언이 나오자 정권은 이를 '종북'으로 규정하며 언론을 통해 몰아세웠으나, 이는 오히려 11월 27일 개신교계의 퇴진 선언과 종북 몰이 중단 요구를 끌어내게 되었습니다. 집권 1년 미만 정권을 향한 이례적인 퇴진 선언은 민중운동과 시민단체 진영 내에 정면 돌파의 흐름을 형성했으며, 다소 위축되었던 대중적 투쟁 의지를 회복하는 전환점이 되었습니다.

이런 가운데 저는 '정의평화를 위한 기독인연대'와 의논하였고, 향린공동체(강남향린교회, 들꽃향린교회, 섬돌향린교회, 향린교회)와 새민족교회, 촛불교회, 동녘교회, 제일교회 등과 연락하여, 개신교의 평신도들이 소속 교단에 관계없이 모여 '이명박 구속과 박근혜 사퇴를 위한 개신교 평신도 시국대책위'를 구성하고 집행위원장을 맡았습니다. 12월 6일 청계광장 입구 파이낸스빌딩 앞 거리에서 이명박 전 대통령의 구속과 박근혜 대통령의 사퇴를 요구하는 시국기도회를 시작했습니다. '개신교 평신도 시국대책위'는 목회자들 및 목회자 단체를 중심으로 구성된 '기독교공대위'에 합류하여 규모를 키웠습니다. 서울 시내 중심에서 매주 거리 기도회를 진행하는 한편 연대 행동을 도모하고자 천주교, 불교, 원불교, 천도교 등의 평신도 단체들을 만났습니다.

박근혜 사퇴 촉구 개신교 거리 행진

    평신도 시국대책위를 중심으로 기독교계의 힘을 모았습니다. 1만 명의 서명을 받아, 12월 30일 이명박의 서초동 청계재단 앞에서 긴급 기자회견을 가졌습니다. 기자회견 참가자와 1만인선언은 마태복음 23장 33절을 인용해 "뱀들아! 독사의 자식들아! 너희가 어떻게 지옥의 심판을 피하겠느냐?"며 이명박, 박근혜 두 사람을 개신교 최악의 사탄으로 규정하고 강하게 비판했습니다. 전국적으로 지속적인 시국기도회를 개최하면서 종단 간 연대를 넘어 사회 각계각층과 손잡고 강력한 공동 행동에 나설 것을 천명했습니다.

이명박의 청계재단 앞 기자회견

이러한 긴장이 극에 달하던 12월 31일 밤, 서울역 고가에서 한 시민이 부정선거 규탄과 정권 퇴진을 외치며 분신하는 비극이 발생했습니다. 송구영신 예배를 준비하던 중 비보를 접하고 달려간 병원에는 '서울의 소리' 대표를 비롯한 활동가들이 자리를 지키고 있었습니다. 1973년생 대위 출신인 이남종 씨는 이튿날 끝내 숨을 거두었습니다.

이 비극적인 죽음을 사회에 알리고 장례를 치르는 과정 또한 투쟁의 연속이었습니다. 기독교공대위에 연락하여 경찰의 방해에 맞섰고, 기독교계가 장례 전반을 주관하기로 결정했습니다. 고인

의 마지막 길은 서울역 앞 노제를 거쳐 고향인 광주로 이어졌습
니다.

세월호와 국정 농단 정국, 종교계 대표 활동가

2014년 1월 27일 '5대 종단(불교, 천주교, 기독교, 천도교, 원불교) 평신도 시국공동행동'을 결성하고 제가 집행위원장을 맡아, 청와대 옆 청운동사무소 앞에서 첫 기자회견을 가졌습니다. 총체적 관권 부정선거 진상규명과 이명박 구속, 박근혜 사퇴를 거듭 촉구했고 2월 19일 저녁 덕수궁 대한문 앞에서 공동으로 기도회를 열었습니다. 종교계가 정의를 바로 세우기 위해 본격적으로 나선 것입니다. 종교계가 지닌 힘의 본질은 죽음을 두려워하지 않는 '순교적 태도'에 있습니다. 일단 시작하면 중도에 포기하지 않는 끈질긴 속성은 일반적인 시민사회운동과는 결을 달리하는 지점입니다.

2014년 사순절을 앞두고 명동향린교회에서 '개신교 평신도 시국대책위' 주관으로 새벽 기도회를 가졌습니다. 평신도와 목사님들의 힘을 모으기 위한 자리였는데 사순절 새벽기도회는 역사상 처음 있는 일이었습니다. 기도회를 마치고는 을지로입구역 출구들과 건널목마다 한 사람씩 서서 피켓 시위를 벌였습니다. 처음에는 어리둥절해하던 시민들이 시간이 지날수록 다정하게 말을 건네거나 슬쩍 음료수를 주고 가는 이들이 제법 있을 만큼 현장의 공기는 민심의 변화를 드러내고 있었습니다.

4월 16일 전 국민이 TV 생중계로 상황을 지켜보는 가운데 세월호 참사가 일어났습니다. 이날부터 우리는 주간 기도회에서 매일 거리 기도회로 전환했습니다. 기도회에는 그간 거리로 나오기를 주저하던 복음주의 성도들이 많이 참석했는데 특히 청년들이 많았습니다. 기도회의 규모는 수천 명 규모로 커졌습니다. 세월호 참사 진상규명을 위한 천만인 서명 운동이 본격화되자 종교계는 이를 대대적으로 진행했고, 각 교회가 위치한 지역의 주요 전철역 앞에서 거리 서명을 받았습니다. 송파에서는 강남향린교회와 위례시민연대, 송파시민연대, 정토회 등 여러 단체가 잠실역에서 함께 서명을 받았습니다. 시민들은 서명에 적극적으로 참여하며 참사를 당한 이들과 유가족에게 연대의 마음을 표했습니다. 그들의 움직임 속에서는 정부를 규탄하는 민심이 고스란히 읽혔습니다.

세월호 진상규명 투쟁 외에도 노동 문제, 농민 문제, 빈민 문제, 청년 문제, 민주주의 문제, 인권 문제, 생태 문제 등 각계각층에서 헤아릴 수 없이 많은 요구가 터져 나왔습니다. 문제를 해결하려면 시민의 힘을 모아야 했고 관련된 회의에 참석하며 일하다 보니, 어느덧 저는 종교계를 대표하는 활동가로 알려지게 되었습니다.

그러다가 마침내 최순실 국정농단 사건이 터졌습니다. 고금동서의 역사가 알려주듯 시민의 힘이 모이고 대중의 힘이 커지면 권력 내부는 반드시 균열되어 붕괴하게 됩니다. 11월 10일 '박근혜 퇴진 5대종단 운동본부'를 세우고 김경호 목사가 상임대표를 맡고 저는 집행위원장을 맡았습니다. 종교계를 대표하여 '박근혜 정권퇴진 비상국민행동'(약칭 비상행동)의 상임운영위원을 맡은 저는 시민사회단체의 주요 운동가들과 함께 활동했습니다.

종교계는 집회와 행진의 맨 앞자리를 지켰습니다. 혹여나 생길지 모르는 정권 측의 무력 도발에 앞서 시민들을 보호하고자 동선을 세심하게 준비해서 움직였습니다. 각 종단 예복 차림의 성직자들 수백 명이 플래카드를 들고 앞장서고, 그 뒤를 평신도들이 깃발을 들고 참여했습니다. 시민들은 박수 치고 환호하며 감격에 겨워 악수를 청하거나 눈물을 흘리는 이들도 많았습니다.

박근혜 퇴진 5대종단 운동본부 결성식. 광화문 세월호 광장

　겨울이 깊어지는데도 불구하고 광장에 참여하는 시민의 숫자가 점점 늘어났습니다. 촛불과 손피켓을 들고 '박근혜 퇴진'을 외쳤습니다. 무대 위에 올라 연설하는 이들은 "이게 나라냐?"며 분노했고, "대한민국은 민주공화국이다, 대한민국의 모든 권력은 국민으로부터 나온다"는 노래를 불렀습니다. 그리고 세월호를 상징하던 "어둠은 빛을 이길 수 없다, 거짓은 참을 이길 수 없다, 진실은 침몰하지 않는다, 우리는 포기하지 않는다"를 부르며 함께 울었습니다. 이 거대한 시민의 염원에 과연 어느 권력 집단이 맞설 수 있을까요?

　마침내 2017년 3월 10일 헌법재판소 판결로 박근혜는 탄핵되었습니다. 언론은 촛불시위를 '6월 항쟁' 이후 30년 만에 일어난 전 국민의 대규모 투쟁임을 강조했고, '촛불혁명'이라 불렀습니다. 우리 국민은 물론 세계 언론도 평화로운 방식으로 권력을 무너뜨리고 민주주의를 회복한 것에 대해 찬사를 보내왔습니다. 30년 만에 다시 겪은 대규모 대중행동은 각별한 감회를 불러일으켰습니다.

　촛불혁명 이후 바로 대선이 치러졌습니다. 민주당 문재인 후보의 승리가 명확했습니다. 수천 개의 시민사회단체가 결성한 비상행동이 '적폐청산과 사회대개혁'이라는 시대적 과제를 남겨둔 채 해산한 것은 아쉬운 대목입니다. 내부에서는 지속적인 사회개혁을 위해서는 깨어있는 시민의 조직적인 힘이 필요하다는 입장과 이제 광장정치는 끝나고 정당과 선거 정치의 막이 열린 것이라는 입장으로 나뉘어 격렬한 논의가 있었습니다. 대세는 후자의 입장이었습니다. 이렇게 또 한 시대가 막을 내렸습니다.

송파에서 꿈꾸는
풀뿌리 민주주의

이후 시내에서의 각종 회의 참여, 기획, 글쓰기 등을 그만두고 지역으로 돌아왔습니다. 장기적 과제로 풀뿌리 민주주의의 뿌리를 내리는 일이 중요하다고 생각했기 때문입니다. 교회 활동을 하며 지역 시민단체인 위례시민연대의 운영위원을 맡았습니다. 선거 때는 민주당이나 진보정당 후보들을 도왔습니다. 2018년에는 16년 만에 민주당 후보가 송파구청장이 되고 시의원 6석을 모두 차지하는 데 큰 힘을 보탰습니다. 정의당, 진보당 구의원 후보들을 도왔고, 보다 능력 있고 청렴하고 비전 있는 젊은 정치인이라면 소속된 당을 따지지 않고 도왔습니다.

2018년에는 '송파평화의소녀상 건립추진위원회'의 집행위원장을 맡았습니다. 경험과 인식에 서로 차이가 있는 분들의 의견을 조율하고, 전체 과정을 기획하고 풀어가는 역할이었습니다. 다른 곳과는 달리 시민사회와 구청이 합심하여 소녀상 정원을 만들기로 하여 구청이 부지를 제공하고 4천만 원을 지원했고, 시민의 힘으로 1억 9백만 원을 모았습니다. 최대한 다양한 시민의 힘을 모으기 위해 노력하는 과정에서 지역의 많은 분들을 새롭게 만났습니다. 노동당 녹색당부터 자유총연맹, 새마을 단체들, 바르게살기협의회까지 그리고 종교계, 상공회의소, 여성단체, 문화예술단체, 체육단체들과 청소년, 가족별 참여자까지 총 131개 단체와 2,715명의 힘을 모았습니다. 전체 추진위원회 회의는 10회, 공식 집행위원회 회의만 45회를 열었고 수없이 많은 비공식 간담회를 가지며 추진한 일이었습니다.

2019년 3월 1일 석촌호수에서 '3.1 100주년 송파 시민 기념식 및 문화제'를 개최했고, 홍보의 일환으로 송파 시민 걷기 대회도 진행했습니다. 공모를 통해 소녀상 정원의 설계 및 시공 업체를 선정한 뒤, 2019년 8월 14일 '일본군 위안부 피해자 기림의 날'에 건립을 마쳤습니다. 그간의 기록을 묶어 《송파평화의소녀상 건립 398일의 기록》이라는 책을 펴냈습니다.

송파평화의소녀상 건립운동 참여자들과 3.1 100년 송파 시민 기념식을 하는 장면. 사회자.

　1년이 넘는 시간이 걸렸습니다. 건립 이후 상당 기간은 감사하게도 해병대 전우회에서 꼼꼼히 청소하며 소녀상 관리를 해주셨습니다. 건립 후 '송파평화의소녀상 시민모임'(제가 공동대표를 맡고 있습니다)을 만들어 주기적으로 정원 관리를 하고 3월 1일과 8월 14일에는 시민들과 단체들, 정당들이 모여 기념행사를 합니다. 또 독립운동 사진전, 위안부 피해자 할머니 사진전을 열었고, 가족과 함께 하는 독립운동 유적지 탐방, 서대문 형무소 견학 등 역사 교육도 진행했습니다. 고난의 역사를 기억하고 역사의 정의를 세우기 위해 노력하는 사람들이 있어 마음이 든든합니다.

송파평화의소녀상 행사

송파평화의소녀상 정원에서 3.1 행사 후

송파평화의소녀상 정원 정화 활동

송파평화의소녀상 정원 정화 활동을 함께한 분들

깨어있는 시민들의 연대 ◀

2019년부터 지역에서 가장 오래된 시민단체인 '위례시민연대'
의 공동대표를 맡고 있습니다. 1987년 국민운동본부 시절부터 강
동·송파·하남 지역에서 활동해 온 분들은 공동육아와 마을 도
서관, 지역아동센터, 환경 및 복지단체 등 다양한 지역 기반 단체
들을 일구어냈습니다. 이후 여러 차례의 선거를 거치며 세 지역의
활동은 점차 분화되었습니다. 2001년에는 기존의 단체협의회를
개인 회원제로 전환하며 지금의 위례시민연대를 창립했습니다. 강
동·송파·하남 지역 시민운동의 뿌리가 된 대표적인 시민단체입
니다.

이때부터 안면을 익힌 분들과 함께 매년 새로운 사업들을 기획하고 실행에 옮겼습니다. 제가 초면인 분들께 인사를 건네며 드리는 명함 뒷면에는 커다란 글자로 '깨어있는 시민들의 연대'가 새겨져 있습니다. 그 아래로는 우리 단체가 추구하는 다섯 가지 목표가 나열되어 있는데, 그중 제1항이 바로 '풀뿌리 민주주의'입니다. 이는 단체 소개를 위해 제작한 전단에도 동일하게 명시되어 있습니다.

풀뿌리 민주주의는 소수가 절대다수의 시민을 지배하는 엘리트주의를 거부하고, 평범한 시민들이 주체가 되어 당당한 삶을 살기 위한 것입니다. 시민의 자발적인 참여를 통해 지역의 작은 공동체에서 시작하여 공적인 장마다 시민의 목소리로 우리 사회를 더 나은 곳으로 변화시키려는 운동입니다.

원래 민주주의(데모크라시)라는 말이 인민(한 사회를 구성하는 모든 사람을 지칭하는데, 우리 사회에서는 전쟁과 독재 정권 시절을 통해 금기시된 용어입니다)의 지배를 뜻하는 데도 '풀뿌리'라는 말이 붙는 이유는 스스로의 힘을 자각한 새로운 정치 주체들의 등장을 위한 것입니다.

과거는 차치하더라도 현재도 비정규직 노동자, 영세 자영업자,

빈민, 실업자, 여성, 노인, 청년, 장애인, 소수자, 이주자 등은 현실 정치에서 배제되고 있습니다. 자산이 없고 소득이 적으며 시간이 없는 이들은 선거 때 투표조차 하지 못합니다. 풀뿌리 민주주의 는 공적인 시민권을 갖지 못한 많은 사람들이 공적인 장에서 자신의 목소리를 낼 수 있도록 그 조건을 마련하고자 하는 것입니다. 그것은 단지 투표에만 머물지 않고 우리의 일상 전반에 걸친 것이며, 이런 점에서 풀뿌리 민주주의의 눈높이와 마음가짐은 아래로 향합니다.

최근 20년간 자산과 소득을 기준으로, 상층 10%는 계속 늘어나고, 10~20%는 유지되고 있으나, 중산층이라 불리는 20~50%는 감소하고 있고(이 층은 부동산 가격 상승으로 자산은 유지 또는 증가하나 소득은 감소하고 있습니다), 50~100%는 급격히 감소하고 있습니다. 이렇게 보면 송파의 가구 구성 중 상당 부분을 차지하는 중산층도 '불안감'을 갖고 있습니다. 오늘날의 불안은 단순한 경제적 불안을 넘어 사회문화적 영역으로까지 확대되었습니다. 즉, 공동체의 붕괴를 뜻하는 '불안한 사회'와 기후위기 등의 '불안한 생태환경'이 우리 삶을 위협하고 있는 것입니다. 그러나 현실 정치가 이러한 복합적인 문제들에 대해 명확한 해답을 내놓지 못하고 있다는 것이 지배적인 여론입니다.

풀뿌리 민주주의를 중요한 목표로 삼는 위례시민연대는 어떻게 해야 할까요? 현재 위례시민연대가 어려움을 겪는 이유는 크게 다음과 같은 여섯 가지가 있습니다.

첫째, 서울에는 전국을 대상으로 하는 대형 단체가 많습니다. 언론에는 대형 단체들이 주요 의제에 대한 성명서를 내고 기자회견을 하고 퍼포먼스를 하는 것이 나옵니다. 서울 시민들은 지역 단체에 가입하여 활동하는 것보다 대형 단체 후원을 선호하고 실제 단체 활동을 하기보다는 주로 후원만 하려는 경향이 큽니다.

둘째, 선거구가 행정 구역별로 되어있는 점입니다. 선거구별로 선거를 치르기 때문에, 소지역이 점점 더 중요하게 되었습니다. 주민들이 제기하는 풀뿌리운동의 성과를 제도화하려면 의제 해결에 헌신할 수 있는 사람을 선출직으로 당선시켜야 합니다. 송파의 특성상 다른 지역으로 출퇴근하는 사람이 많아서 동네에서 선거구별로 상설 활동을 조직하기는 어렵습니다. 풀뿌리 운동의 의제, 참여자 숫자, 활동력을 고려하면 선거구가 작을수록 대응하기 어려운 것입니다. 즉 국회의원이나 구청장보다 구의원 선거 대응이 더 어렵다는 뜻입니다. 이는 지방자치제가 실시된 이후 원래 취지인 '주민자치'(풀뿌리 민주주의)보다 '지방자치단체의 자치'(중앙정부로부터의 권한 이양)가 압도하고 있기 때문이기도 합니다.

셋째, 해당 의제를 가진 주민이나 지역 단체의 활동가가 무소속으로 독자 출마하여 당선되면 좋겠지만 현실적으로는 매우 어렵습니다. 정당보다 강한 기반과 영향력을 가지고 있지 않으면 정당들은 절대 양보하지 않기 때문에 대부분 정당 소속으로 출마할 수밖에 없습니다. 이렇게 당선된 선출직 공직자들은 정당의 의사 결정 구조를 따라야 하기에 선출직의 행보가 제한될 수밖에 없습니다. 이러한 과정에서 시민단체와의 밀접했던 관계가 소홀해지거나 갈등을 빚는 사례가 많습니다.

넷째, 시민단체 활동을 선거 출마를 위한 일종의 '경력 관리' 수단으로 여기는 이들이 있습니다. 그러다 보니 이들이 활동 과정에서 갈등을 일으키는 사례도 적지 않습니다. 사실 전국 단위의 대형 단체에서는 이러한 현상이 고착화된 지 이미 오래되었으며, 이런 흐름이 지역 단체들에도 일부 영향을 미치고 있습니다.

다섯째, 지역 주민과 밀착하여 활동을 기획하고 실행 동력을 유지하는 일이 시간이 갈수록 점차 힘들게 느껴지곤 합니다. 풀뿌리 운동이 정성껏 기획해 실천하여 좋은 반응을 얻은 사업들을, 정당이나 구청에서 아이디어만 가져가 더 큰 규모로 시행할 때가 많습니다.

여섯째, 이런 상황에도 불구하고 정당들이 하지 못하는 일과 대형 단체들이 관심 갖지 않는 일들은 여전히 많습니다. 누군가는 그 일을 하고 있고 또 해야 합니다. 민주주의의 가장 기초인 건강한 풀뿌리가 사라져서는 안 되기 때문입니다.

이상의 문제점들을 해결하고자 위례시민연대는 2019년부터 매년 시민 참여형 사업을 하나씩 확장하고 있습니다. 크게 4가지 분야로 나뉩니다.

첫째, 풀뿌리 시민의 힘을 기르기 위한 학습 활동입니다.

송파인문대학, 정희성 시인과 함께

시국토론회, 조희연 서울시교육감, 이종석 전 통일부장관, 송기호 변호사와 함께

활동가 양성을 위한 깊이 있는 학습 모임(주 1회, 연 30주~45주 세미나 방식)이 있습니다. 대학원 수준의 모임을 6년간 매년 주제를 바꾸어 진행하고 있습니다. 그리고 자영업자, 노동자, 주거 약자, 청년 등을 위한 생활 법률 강좌를 운영하고 있고, 비정기적으로 시국 관련 강연, 토론회, 송파인문대학(문학, 역사, 문화)을 운영하고 있습니다.

둘째, 시민 자치의 힘을 키우기 위한 시민 행동입니다.

송파평화의소녀상 시민모임에 이어 2022년 3월 송파기후행동을 창립했습니다. 현재 제가 공동대표를 맡고 있는 송파기후행동은 시민 4,500여 명의 서명을 받아 '송파구 탄소중립 조례'를 제정하는 데 결정적인 역할을 했습니다. 송파구 조례는 정부 기준을 훨씬 넘어 50% 감축 목표로 제정되었고 한국에서 가장 앞선 기준을 정했습니다. 또 매년 상반기와 하반기에 시민과 함께 하는 '송파기후학교'를 열어 이 분야 전문가들의 강의를 듣고 지역에서 할 수 있는 일을 모색해 왔습니다. 2025년에는 송파 시민 1,050명의 서명을 받아, '교통 분야 탄소 감축 정책 방안'을 만들어 구의원들과 여러 차례 협의를 진행했고 구청 측에 기본 정책안을 전달했습니다. 앞으로 보다 많은 시민과 함께 다양한 활동을 할 것으로 기대하고 있습니다. 그리고 2024년 겨울 내란 사태 발생 후

송파기후학교

송파기후행동 활동

송파기후행동 활동

송파기후행동 활동

송파기후행동 활동

기후정의 대행진 참여

기후위기 대응 캠페인

에는 깃발을 들고 여의도와 광화문 광장에 늘 함께했습니다. 그리고 가락시장 옥상에 텃밭을 설치하여 어린이와 젊은 부모들이 우리 농산물을 직접 기르는 과정에서 농부의 수고와 농촌 현실의 어려움을 이해하고, 농촌과 도시의 연대를 위해 함께 노력하는 방안을 모색했습니다. 그밖에 기본적인 송파구 행정 모니터링 모임과 사회 현안에 대한 성명서 발표, 서명 운동, 집회, 연대 활동 등을 하고 있습니다.

셋째, 따뜻한 사회를 위한 나눔 활동입니다.
독거 어르신, 장애인 등 주거 약자를 위한 집수리 봉사 활동을

송파연가 나눔콘서트 사회를 보는 장면

농산물 나눔 활동

농산물 나눔 활동 후

장애인들이 운영하는 굿윌스토어를 위한 나눔 활동

매년 5~6회 정도 해오고 있습니다. 전문가에게 노래와 악기를 배우고 그 즐거움을 이웃과 나누는 '송파연가' 활동을 5년째 이어오고 있습니다. 이와 더불어 매년 두 차례씩 정기 콘서트를 개최하며 지역 사회와 깊이 소통하고 있습니다. 굿윌스토어(장애인 운영 매장)와 연계하여 물품을 모으고 기증하는 활동도 진행 중입니다. 그리고 공동생활 어린이와 독거 어르신을 위한 '밥 나눔' 활동에 참여하고, 가락시장 상인들과 연계하여 어려운 이웃을 위해 우리 농산물 나눔, 김장 나눔 활동을 하고 있습니다.

넷째, 각종 활동에 참여하는 이들의 폭을 넓히고 서로 연대할 수 있도록 돕고 있습니다. 시민 누구라도 본인 스스로 하고 싶은 활동을 할 수 있도록 서로 연계하고 돕기 위해 성심껏 안내하는 열린 조직입니다.

다시 쓰는 동서울,
함께 만든 승리

아시다시피 지하철 2호선 강변역 앞에 동서울터미널이 있습니다. 강남터미널, 남부터미널과 함께 서울과 지방을 연결하는 핵심 버스터미널입니다. 대략의 사정은 이렇습니다.

2019년 소유주인 한진중공업은 터미널의 관리회사를 시켜 임차상인들에게 갑자기 점포들을 새로 리모델링을 하라고 지시합니다. 상인들은 회사가 지시하는 대로 적게는 수천만 원에서 많게는 수억 원을 들여 이행할 수밖에 없었습니다. 1년 단위로 매년 계약 갱신을 해왔고, 회사 눈 밖에 나면 쫓겨날 수 있다는 공포심 때문에 어쩔 수 없었습니다. 그런 어느 날 갑자기 웬 변호사가 상인들을 돕겠다며 나타납니다. 그는 상인들의 권리를 지키기 위한 방법이라며 '화의 조서'라는 것을 상인들에게 쓰게 합니다. 법을 잘 모르는 상인들은 그의 요구대로 서류에 사인을 했습니다. 그러던 어느 날 갑자기 터미널이 신세계로 팔린다는 소식이 들려왔습니다. 그리고 상인들은 곧 쫓겨날 것이라는 소문이 돕니다. 그리고 관리회사는 상인들에게 기한을 정하고 나가라고 명령합니다. 이를 따르지 않을 때는 강제집행을 할 것이라고 했습니다.

그때야 상인들은 한진중공업이 신세계에 높은 값을 받고 매각하려고, 점포를 리모델링하라고 한 것을 깨닫고, 뭔가 일이 잘못되고 있다고 판단합니다. 그리고 변호사에게 달려갔더니 그 변호사는 한진중공업에게 돈을 받고 상인들을 속였다는 것을 알게 되었습니다. 삶의 터전을 잃게 된 상인들은 부랴부랴 자체 대책위를 만들고, 새 변호사를 선임하여 사기꾼 변호사를 고소하고, 여기저기 도와줄 사람과 기관을 찾아서 백방으로 뛰기 시작합니다.

광진구청, 서울시청을 찾아가고, 언론사를 찾아가고, 지역의 구의원, 시의원, 국회의원을 만나서 도와 달라고, 여야 없이 찾아가서 눈물로 하소연을 했습니다. 그런데 별 진전은 없었습니다. 그러다가 상인대책위는 자신들의 처지와 비슷한 사람들이 노원구청 앞에서 매주 집회를 하고 있다는 사실을 알게 됩니다. 그래서 노원구청 집회 때 찾아옵니다.

　2018년 부활절을 앞두고 강남향린교회는 재개발 조합에 의해 강제집행을 당한 경험이 있습니다. 그때 성북구 장위동에서 강제집행을 당한 주민 한 분이 멀리 교회까지 찾아와서 격려를 해주고 간 적이 있습니다. 교회는 기독교계의 도움과 서울시청, 송파구청의 노력으로 6개월 만에 조합과 원만한 타협안을 도출했습니다. 그래서 우리가 어려울 때 달려오셨던 장위동의 그분과 또 살던 집에서 쫓겨난 그 이웃들을 위해 우리도 연대하자는 마음을 가지고 매주 장위동 현장 기도회를 진행했습니다. 비슷한 시기에 노원구에서 장사하던 상인들이 재건축 과정에서 상당한 피해를 입게 된 일이 있었는데, 이분들도 대책위를 만들어 스스로 집회를 하다가 기도회 소식을 듣고 성북구로 찾아왔습니다. 그래서 처음에는 성북구에서 같이 기도회를 하다가 노원구청 앞으로 자리를 옮겨 매주 기도회를 하게 됐습니다. 여기에 동서울터미널 상인들이 찾아온 것입니다.

　당시는 이른바 '젠트리피케이션'이 사회적으로 큰 이슈가 될 때입니다. 많은 곳에서 유사한 일이 벌어졌습니다. 이 문제에 대해서는 종교계와 시민사회단체는 물론 민주당과 진보정당들도 큰 관심을 가지고 있었습니다. 연대 투쟁 과정에서 성북구와 노원구의 시민사회단체들이 많이 결합하였습니다. 기독교계와 진보정당들, 시민사회단체들은 전국의 젠트리피케이션 피해자들과 함께 '토지 난민연대'를 결성하여 활동합니다.

그러던 중 동서울터미널 상인들이 강제집행을 당하고 거리로 쫓겨납니다. 사건 직후 강남향린교회는 여러 교회와 교회 단체들과 함께 기독교 대책위를 만들고, 송파구와 광진구의 정당과 시민사회단체들에 연락하여 연대의 틀을 만들었습니다. 그리고 매주 기도회를 열고, 마지막 주는 문화제를 여는 방식의 투쟁을 시작했습니다.

비가 오나 눈이 오나 매주 목요일 집회를 계속하였습니다. 동시에 서울시, 광진구, 신세계와의 교섭도 진행했습니다. 이 과정을 민주당과 진보정당들의 국회의원, 시의원, 구의원들이 도왔습니다. 언론도 때마다 취재를 하고 보도했습니다. 사태 발생과 투쟁 시작 후 무려 6년 만에 결국 상인들은 재건축 후 다시 입점하여 장사할 수 있는 권리를 얻었습니다. 이는 우리나라에서는 역사상 최초의 일입니다. 하지만 독일 등 유럽에서는 이미 1970년대부터 '상생 재건축, 재개발'이 일반화되었습니다. 어찌 보면 부끄러운 우리의 자화상입니다. 이번 일을 계기로 상인들은 물론 연대했던 수많은 이들이 역사에 디딤돌을 놓았다는 자부심을 가지게 되었습니

동서울터미널 피해상인 연대 투쟁

동서울터미널 피해상인 연대 투쟁

동서울터미널 피해상인 연대 투쟁

동서울터미널 피해상인 연대 투쟁

동서울터미널 투쟁 승리 집회

다. 시민이 함께 힘을 모으면 반드시 새로운 길이 열린다는 교훈
을 다시금 새기게 되었습니다. 오랜 투쟁 과정에서 병을 얻어 몸
이 아픈 상인 분들이 조속히 쾌유하시기를 이 지면을 빌어 다시
마음을 전합니다.

이 연대의 과정에서 강원도 홍천의 양수발전소 반대와 송전탑
반대 투쟁에도 연대하게 됩니다. 토지난민연대가 결성될 때 홍천
의 농민들도 함께 했기 때문입니다. 벌써 8년이 되었습니다.

간략히 말씀드리면 우리나라 잣의 절반 이상을 생산하는 100년
된 잣나무 산이고, 야생 산양 등 귀한 동식물이 살고 있는 정부가

인정하는 1급 생태보전지역인 홍천군 풍천리에 갑자기 양수발전소를 짓는다는 것입니다. 주민은 대부분 잣나무 숲을 가꾸고 작은 농사를 지으며 대대로 살던 어르신들입니다. 그리고 대도시를 떠나 귀촌한 분들도 조금 있습니다.

그런데 발전소는 15~20년 이후에야 완공됩니다. 생태계는 대규모로 파괴되고, 주민들은 삶의 터전을 잃게 됩니다. 한편 송전탑은 남동해안에서부터 강원도 평창, 횡성, 홍천, 경기도 가평을 거쳐 수도권으로 전기를 보내기 위해 설계되었습니다. 주민들의 동의 없이 왜 지자체나 한국수력원자력주식회사는 밀어붙일까요?

홍천 양수발전소 현장 방문과 피케팅

홍천 양수발전, 송전탑 반대 집회에서 발언

중앙정부는 왜 이를 방관만 할까요? 연대 집회에 자주 가지는 못하지만 노인들의 격렬한 외침을 들을 때마다 마음이 무겁습니다. 강원 지역 외에 서울의 종교계와 기후위기 대응 단체, 생태환경 활동 단체들이 꾸준히 연대하고 있습니다. 서울 사람들은 사실 지방에 사는 사람들의 희생 위에 살고 있기 때문입니다.

세상은 우리가
움직인 만큼 변한다

저는 지금까지 말씀드린 여러 활동들이 마치 물 위에 던져진 돌이 만들어 내는 동심원과 같다고 생각합니다. 게다가 하나가 아닌 여러 개의 돌을 떨어뜨리면 그 파동들이 서로 어우러지고 영향을 더 크게 주고받습니다. 이처럼 어떤 분은 특정한 활동에만 마음이 머물 수도 있지만, 또 다른 누군가는 여러 활동의 파동에 공명하며 함께해 주시기도 합니다. 저는 우리 곁에 풀뿌리 민주주의를 위해 기꺼이 자신의 시간을 내고 정성을 쏟을 분들이 반드시 늘어날 것이라 믿습니다.

지역 활동은 이른바 '중앙 활동'과는 확연한 차이가 있습니다.

중앙에서는 주로 회의와 의사결정이 중심이 되지만, 지역에서는 회의를 넘어 서로의 삶을 나누고 교류하는 시간이 많기 때문입니다. 잦은 식사 자리와 술자리로 인해 때로는 몸이 고단할 때도 있습니다. 하지만 서로에 대한 신뢰가 깊어지는 만큼 지역 사회가 한 걸음씩 변화해 나가는 것을 체감할 때면 뿌듯함을 느낍니다. 이러한 보람과 감정은 아마도 중앙 활동에서는 경험하기 어려운 지역 활동만의 소중한 가치일 것입니다.

이 글을 읽는 분들에게 제안합니다. 평범한 시민들이 '1인 1개 시민단체 가입' 운동을 합시다. 단체에 가입하여 후원하고 활동합시다. 우리가 노력한 만큼만 세상은 변합니다. 조직화된 시민의 힘은 더없이 중요합니다. 어떤 정당도 권력도 이를 우습게 볼 수 없기 때문입니다. 어떤 단체라도 관계없지만 가능한 지역의 풀뿌리 단체라면 더욱 좋겠습니다. 결국 풀뿌리 민주주의가 민주주의의 가장 기초이며, 동시에 한국 정치의 진정한 근간은 바로 '지역'에 있기 때문입니다.

02

우리가
바라는 세상

오늘 우리 사회

같은 땀을 흘리면서도 차별받는 비정규직 노동자, 성실하게 일터의 불을 밝히고도 파산의 비극을 맞이하는 소상공인, 평생을 지켜온 대지에서 삶이 무너지는 농민, 그리고 우리가 쌓아 올린 사회안전망의 배려조차 닿지 않는 사각지대의 이웃들까지. 이들이 경제활동인구의 3분의 2를 차지한다는 사실은 더 이상 개인의 불운이 아닌, 우리 시스템의 거대한 결핍을 의미합니다.

영어유치원에서 시작된 경쟁은 초등 의대반을 거쳐 고교 입시 컨설팅까지 이어집니다. 뒤처지면 낙오된다는 불안은 아이들을 밤늦은 셔틀버스에 태우고, 스스로 생각할 시간조차 '비효율'이라는 이름으로 빼앗아 버립니다. 입시라는 거대한 컨베이어 벨트 위에서, 우리 시대의 10대들은 '성장'이 아닌 '생존'을 학습하고 있습니다. 스물 무렵의 일기장에는 이루고 싶은 꿈보다 갚아야 할 이자와 알바 스케줄이 더 빽빽합니다. 캠퍼스의 낭만도 뒤로 하고 화려한 스펙 쌓기에 몰두해 봤자 그 끝에 기다리는 것은 비정규직의 차별이나 취업 준비의 장기화인 경우가 많습니다.

청년들에게 사랑은 가성비 낮은 사치가 되어, 연애, 결혼, 출산이라는 생애 주기적 사건들마저 '선택'이 아닌 '포기'의 영역이 되었습니다. 이에 더해 내 집 마련, 취업, 인간관계, 희망마저 내려놓아야 하는 청년세대의 현실은 우리가 마주한 가장 아픈 사회적 성적표입니다. 드라마 《서울 자가에 대기업 다니는 김부장 이야기》처럼 중년은 가족과의 정서적 유대나 내면의 평화는 포기한 채 세계 최장 시간 노동으로 자산을 지키려 하지만 자녀 교육비, 결혼 비용, 부모 봉양으로 노후를 저당 잡힌 채 살아갑니다. 그리고 절반 이상의 노년은 고장 난 몸으로 대화 상대 없는 적막한 방 한 칸에서 삶을 마감합니다.

우리 한국인은 세계에서 가장 적게 잠을 자면서 모든 것을 빨리빨리 해야 하는 치열한 경쟁 사회에 살고 있습니다. 장시간 노동, 산업 재해율, 교통 사고율, 경제 문제로 인한 이혼율, 암 발생

률, 가족 해체로 인한 1인 가구 증가율, 세계 최저 출산율, 세대에 무관하게 스스로 생을 마감하는 자살률까지 세계 최고입니다. 한국 사회의 지표들은 얼마나 큰 절망이 우리 안에 무겁게 존재하는지 보여줍니다.

극소수의 이익을 위해 다수의 터전을 희생시키는 각종 개발 사업, 핵과 화력발전, 골프장 건설 등의 약탈적 개발은 인권과 생존을 위협합니다. 파괴된 생태계는 기후 재난과 전염병이라는 재앙을 경고하고 있습니다. 여성, 장애인, 소수자, 이주민 등의 인권은 제자리걸음을 하고, 불공정, 갑질, 성폭력, 사회적 참사, 온라인 범죄, 사기 사건과 강력 사건 등 사회 문화적 문제들은 무섭도록 빠르게 쌓여갑니다. 그럼에도 여전히 현실을 왜곡하고 '윤 어게인'을 외치며, 아직도 내란 사태에 대해 진지한 반성조차 하지 않는 정치세력이 제1야당입니다.

1997~1998년 IMF 사태 이후 한 세대에 걸쳐 우리 사회는 부의 양극화와 사회적 불평등의 확대, 이에 따라 생존을 위한 삶의 형태가 달라졌습니다. 저출산과 초고령화, 1인 가구 급증 사회가 되면서, 내일의 희망은 흐릿하기만 합니다. 이대로라면 전 세대와 연결된 정치·경제·사회·문화의 모든 문제들이 나아질 기미 없이 더욱 심각해질 것입니다. 왜냐하면 이러한 구조적 모순 해결을 제

할 일로 인식하고 고통받는 이들의 언어를 정책으로 번역하기 위해 노력하는 정치인과 정치세력이 없기 때문입니다.

오랫동안 수많은 시민들이 좌절하는 한편 분노하고 저항해 왔습니다. 2016년 겨울, 각개약진에 머물던 사람들이 "이게 나라냐?"고 외치며 촛불혁명을 일으켰습니다. 박근혜 정권은 광장 시민의 힘을 받은 국회와 헌법재판소의 공조로 탄핵되었습니다. 중요한 것은 당시 대규모 촛불시위가 멀게는 IMF 체제에 대한 거부이고, 가깝게는 2008년 국제 금융위기 이후 선진 자본주의 국가들에서 공명처럼 일어난, 사회 모순에 저항하는 대중 행동과 그 궤를 같이한다는 점입니다. 촛불혁명은 더 이상 시대의 부조리와 정치의 실종을 묵인하지 않겠다는 시민들의 선언이었습니다.

그러나 뒤이어 집권한 문재인 정부는 '촛불정부'를 자임했을 뿐 실제적인 사회 개혁을 이루지 못했습니다. 채우지 못한 염원과 갈증의 결과로 윤석열 정부가 들어섰고, 우리가 경험했다시피 민주주의는 후퇴했고, 양극화는 더욱 심화되었습니다.

다시 시민이 일어나다

2024년 12월 3일 밤 우리 모두는 경악했습니다. 불과 1년 전 1300만 명이 관람한 《서울의 봄》이 실제상황으로 재현되었습니다. 현직 대통령이 비상계엄을 선포하더니 군용 헬기가 국회 앞마당에 내려앉았고, 시민들은 출입을 통제하는 경찰에 항의하며 군 장갑차를 맨몸으로 막아서는 장면들이 텔레비전과 유튜브로 생중계되었습니다. 다행히 자정이 지나 국회는 계엄 해제를 의결했고, 특전사와 수경사, 경찰까지 동원한 친위 쿠데타는 실패했습니다.

"도대체 이게 무슨 일인가?" 시민들은 분노하면서도 어안이 벙벙했고, 언론은 분석 기사들을 쏟아냈습니다. "있을 수 없는 일이 벌어졌다.", "광주가 떠올랐다.", "역사 교과서에나 있을 법한 일이 어떻게 일어나지? 한국은 아직도 후진국인가?", "국가가 나의 일상을 파괴하는 것은 용납할 수 없다.", 시민들의 반응이었습니다.

 4일 오후 민주당 등 6개 야당은 곧바로 위헌적 포고령, 형법상 내란죄 등의 혐의로 대통령 탄핵소추안을 국회에 제출했습니다. 그러나 국민의힘 의원들은 7일 본회의 표결에 집단 퇴장으로 저항했고, 탄핵소추안은 의사정족수 미달로 무산되었습니다. 국회 앞마당과 여의도 일대를 가득 메우고 앉아 촛불과 응원봉을 흔들며 '윤석열 탄핵'을 외치던 1백만 시민들은 기가 막힌 심정으로 아쉽게 발길을 돌렸습니다.

 12월 14일, 전국이 영하권으로 떨어져 매섭게 춥던 날, 국회의사당을 바라보며 무대가 설치되고 여의도 곳곳에 대형 전광판이 세워졌습니다. 지하철이 몇 개 역에 서지 못하고 그대로 지나쳐야 할 만큼 빌딩 숲 사이로 거대한 인파가 몰려들었습니다. 일대를 가득 메운 인산인해로 시민들은 국회 앞으로 더 나아가지 못하고 빈틈을 찾아 자리를 잡았습니다.

 한강의 바람은 거셌고 아스팔트 바닥은 차가웠습니다. 전광판 화면 속 사회자는 연신 "뒷사람이 전광판을 볼 수 있도록 앉아주

세요"라고 외쳤고, 깔개 없이 온 20대 여성은 맨바닥에 그냥 앉았습니다. 그때 "혼자 왔어요?" 40대 여성이 물으며 자신의 깔개 두 장 중 한 장을 나눠주었습니다. 젊은 여성은 초콜릿 봉지를 꺼내 주위에 권하며 감사를 표했습니다. 화장실을 찾아 다녀오던 50대 남성은 어묵 두 그릇을 내밀며 말했습니다. "저기 하얀 빌딩 옆에 남성용 이동식 화장실이 있고요, 여성용은 건물 1층 커피숍에 개방돼 있어요. 그 앞에 어묵탕을 무료로 나눠주는 밥차가 있어요. 커피숍에선 누가 선결제했다고 무료로 커피를 나눠주고 있대요." 잘 터지지 않는 휴대폰으로 겨우 친구를 찾은 사람이 대열에 한 명씩 추가될 때마다 사람들은 어깨를 맞대고 자리를 좁혀 앉았습니다.

사람의 물결 틈에는 각양각색의 수많은 깃발들도 일렁였습니다. '전국 집에 누워있기 연합 : 제발 그냥 누워있게 해줘라. 우리가 집에서 나와서 일어나야겠냐?', '강아지 발냄새 연구회', '민주묘총' 등 깃발에 담긴 다채로운 재치와 해학에 놀라워하고 즐거워하면서 국회의 탄핵소추안 가결을 기다렸습니다. 비상계엄이라는 어이없는 현실에 분노하되 그 어둠에 잠식당하지 않겠다는 유쾌하고도 치열한 웅변이었습니다.

대낮부터 모여 무대 연설에 호응해 박수 치고, 사회자의 선창에 따라 구호도 외치며 국회의 표결을 기다렸습니다. 마침내 주위가 어둑어둑해진 시간, 숨죽여 대형 전광판을 주시하던 사람들이 국회의장의 탄핵소추안 가결을 듣자마자 일제히 함성을 내질렀습니다. "만세!", "이겼다!", "민주주의 승리!". 옆 사람과 부둥켜안고 기뻐하는 사람들, 깡충깡충 뛰며 환호하는 사람들, 그리고 눈물을 흘리는 사람도 많았습니다.

이날 국회의사당 앞은 지상 최대 규모의 K-POP 콘서트장이 되었습니다. 전광판과 스피커에서 K-POP이 울려 퍼졌고, 종일 쪼그려 앉았던 시민들이 모두 일어나 떼창과 함께 춤을 추었습니다. K-POP 팬클럽들의 각종 응원봉이 넘실대며 뿜어내는 승리의 빛은 말할 수 없이 아름다웠습니다. 환한 표정의 사람들은 잠시도 쉬지 않고 손을 흔들고 발을 구르며 기쁨을 분출했습니다. 비트에 맞춰 "체포해!", "구속해!"를 외치던 콘서트는 '소녀시대'의 〈다시 만난 세계〉를 부르며 마무리되었습니다.

어둠은 찬란한 빛의 배경이 됩니다. 형형색색의 응원봉 물결 아래, 우리의 일상을 파괴하려는 권력에 맞서 분노를 축제로 바꾼 대한민국은 세계인들의 지지와 공감을 끌어내며 새로운 광장 문화를 그려냈습니다. 20~30대 여성들이 응원봉을 들고 광장의 분위기를 주도했고 40대 여성들도 적극적이었습니다. K-POP에 익

숙하지 않은 50~60대 남성들도 어색하게나마 박수 치고 따라 불렀습니다. 권위적이고 경직된 가부장제의 모습이 사라진 자리에 역동적이고 자유로운 영혼들의 웃음소리가 대신했습니다.

《케이팝 데몬 헌터스》와
민주주의

《케이팝 데몬 헌터스》는 아시다시피 K-POP 아이돌 문화를 판타지와 결합해 큰 화제를 모은 뮤지컬 액션 애니메이션 영화입니다. 세계적인 K-POP 걸그룹 '헌트릭스'와 적대 세력인 보이그룹 '사자 보이스'의 선과 악의 대립을 다루며 K-컬처를 반영했습니다. 공개 직후 글로벌 넷플릭스 1위를 기록했고 많은 나라에서 음악 차트를 휩쓸며 한류의 힘이 얼마나 큰지 다시 한번 깨닫게 해주었습니다.

이 영화의 삽입곡 중 하나인 〈테이크 다운(Take down)〉을 8월 말부터 인도네시아 시위대가 불렀습니다. '테이크 다운'은 '끌어

내려'라는 뜻입니다. 나온 지 얼마 되지 않은 노래가 인도네시아 거리에서 불리고 있다는 사실이 놀라웠습니다. 더 놀라운 것은 인도네시아 반정부 시위에 한국 시민들이 연대하고 있다는 소식이었습니다. 인도네시아로 배달 음식을 보내는 방법을 담은 X(옛 트위터)의 글이 조회 수가 천만이 넘었고, '주문 인증샷'도 줄줄이 이어졌습니다. 한 신문 기사에서 시민들은 이렇게 말했습니다. "우리가 지난겨울 광장에 음식과 핫팩을 보냈듯 인도네시아에도 연대할 수 있다", "인도네시아 시위대를 진압할 때 사용된 장갑차와 최루탄은 한국 기업이 수출한 것이다", "모든 민주주의는 서로 연결돼 있다".

몇 년 전 미국에서 인종차별 반대 운동을 할 때 미국 BTS 팬들이 캠페인에 주도적인 역할을 했고, 아시아 여러 나라의 거리에서도 K-POP이 불렸다는 보도가 있었던 것이 기억납니다. 우리 청년들은 살아있습니다. 기존 단체들과 활동 방식이 다를 뿐, 스스로 고민하고 적극적으로 행동합니다. 저는 여기서 우리 사회의 밝은 미래를 봅니다.

다음 세대를 위한 약속,
우리가 건네야 할 세상

모든 노동자가 산업재해의 위협에서 벗어나고, 같은 노동에 대해 같은 대우를 받으며, 도시와 농촌을 막론하고 고난도의 노동이 사회·경제적으로 정당하게 존중받는 사회가 되어야 합니다. 노동이 자본을 위한 이윤 창출의 도구가 아닌, 인간의 자기 실현을 위한 과정이 되어야 합니다. 충분한 휴식과 휴가, 저녁이 있는 삶이 이루어져야 합니다. 개인이 사회나 국가를 위해 존재하는 것이 아니라 사회와 국가는 개인을 위해 존재하는 것입니다.

부모의 재산 유무와 관계없이, 본인의 처지와 능력에 따라 모든 어린이와 학생은 어린이집부터 대학원까지, 원하는 만큼 자유롭고

평등하게, 사회가 의무적으로 돌보고 가르쳐야 합니다. 보육과 교육은 상품이 아니라 국가가 기본적으로 제공해야 하는 것입니다.

누구라도 질병을 고치는 데 돈 때문에 고통받아서는 안 됩니다. 건강, 보건, 의료는 우리가 공동체를 이루고 살아가는 데에 필수적인 것으로 사회가 책임져야 합니다. 의료 또한 상품이 아닙니다.

건강을 위한 체육 활동, 즐거운 예술 활동, 그리고 소양을 높이는 도서관과 박물관, 다양한 체험 프로그램을 누구나 일상에서 누릴 수 있어야 합니다. 문화 또한 상품이 아닙니다.

세대 구성원 수와 관계없이 누구나 주택 문제에서 자유로워야 하며, 돈 때문에 집주인의 눈치를 보며 눈물짓는 일이 없어야 합니다. 허리띠를 졸라매고 악착같이 돈을 모아 치솟는 전월세를 감당하고, 평생 대출을 끼고 집을 사야만 하는 시대와 작별해야 합니다. 중앙 정부와 지자체가 상당 부분을 책임지고 사회적 연대에 기초한 주택공급이 이루어져야 합니다. 저출산 고령화로 인해 현재까지의 주택정책은 일본의 사례처럼 우리 사회에 큰 재앙으로 돌아올 가능성이 매우 크기 때문입니다.

청년세대의 임신, 출산, 육아 문제를 사회가 해결해야 합니다.

모든 어린이는 모든 어른의 아이이기 때문입니다. 또 노년의 삶은 사회적 존경을 바탕으로, 인간다운 품위를 누리는 삶이 보장되어야 합니다. 모든 노인은 모든 젊은이의 어버이이기 때문입니다. 세대 간 연대가 살아있는 사회여야 합니다. 의견이 다른 소수자부터 장애, 성별, 지역, 학력, 국적에 이르기까지, 그 어떤 차이도 차별의 이유가 될 수 없는 사회를 만들어야 합니다.

우리가 살아갈 터전은 핵무기와 핵발전소의 위협이 없는 평화로운 공간이어야 합니다. 미세먼지와 기후위기에 기민하게 대응하는 건강한 생태 환경 속에서 자연과 인간이 하나의 생태적 운명 공동체로 모든 생명의 고유한 존엄과 권리를 실현하는 사회여야 합니다.

농업의 가치를 존중하고 식량 자주권을 확보하며, 농산어촌을 생태 및 우리 문화의 토대로 보호 육성하며, 서울-지방 간 문제, 도시-농촌 간 문제를 근본적으로 전환해야 합니다.

평화가 정착된 한반도에서 청년들이 유라시아 어디든 철도를 타고 자유롭게 다니며 타국의 이웃 시민들과 더불어 함께 사는 세상이어야 합니다.

이런 사회! 당당하고 벅찬 마음으로 '우리나라'라 부를 수 있는 사회가 되어야 합니다. 이것은 꿈일까요? 아닙니다. 시대의 요구입니다. 이 요구의 해결은 먼 미래에나 가능한 일일까요? 아닙니다. 함께 꾸는 꿈은 현실이 된다고 했습니다. 우리가 바라고 함께 고민하는 시대의 요구는 가까운 시간에 현실로 만들 수 있습니다. 이미 많은 나라에서 이렇게 하고 있습니다.

내일의 정치,
시민이 만드는 미래

우리 사회는 고비마다 시민들이 직접 나서서 난제를 해결해 왔습니다. 정책적 대안은 있습니다. 정치, 경제, 사회, 문화 등 각 분야에서 다양한 정책적 해법이 이미 심도 있게 연구되어 왔습니다. 보편적 복지 국가와 생태 사회, 평화와 통일, 그리고 평등하고 자유로운 문화라는 4대 핵심 과제를 실현할 만반의 준비가 되어있습니다. 대안정책이 없는 것이 아니고 대안정책을 실현할 제대로 된 정치인과 정치세력이 없었을 뿐입니다.

정치적 대안을 시민이 함께 만들어야 합니다. 기존 정당과 정치의 문법을 과감히 넘어서야 합니다. 정치 공학을 넘어, 시민이 주체가 되어 세상을 바꾸는 힘을 모아야 합니다. 절박한 현실 문제에 집중하며, 작지만 많은 이들이 공감할 수 있는 정책으로 행동해야 합니다. 이 과정에서 시민의 힘은 점점 강해질 것입니다.

지금 우리에겐 기존 정치 문법을 탈피한 새로움이 필요합니다. 새로운 세력이 미래의 대안이 될 수 있다는 확신을 주어야 합니다. 시대를 바꾸고 새로운 질서를 세운 것은 언제나 신진세력이었습니다. 이미 수많은 시민은 오래된 체제에 변화를 갈망하며, 이미 새로운 정치적 대안을 지지할 준비가 되어있습니다.

많은 시민은 기존 정치 방식에 지친 지 오래입니다. 정치는 민생보다 정쟁과 계파 싸움에 몰두하고, 언론은 이를 생중계하듯 보도합니다. 시민들이 정치를 멀리하게 된 이유입니다. 심지어 거대 정당들은 이러한 정치 혐오를 자신들의 기득권을 지키는 도구로 이용하기도 합니다.

그럼에도 시민들은 정치를 포기하지 않습니다. 시민이 원하는 것은 삶의 구체적이고 실질적인 변화와 개선이기 때문입니다. 시민들의 목소리가 집중되어 드러나는 것은 가끔이지만, 시민들은 평소 일상의 온·오프라인 공간에서 끊임없이 정책과 정치를 비평합니다. 낡은 정치를 바꾸고 싶다는 열망은 모바일 환경과 결합하여 더욱 활발하고 진화된 방식으로 표출되고 있습니다.

오늘 우리 사회의 문제들은 더디게 개선되고 있습니다. 그러나 2016~2017년에 우리는 강력한 촛불혁명을 경험했습니다. 시민 대중이 스스로 거리에 나서서 우리 사회의 문제를 여러 달 동안 외쳤고 성과를 이뤘습니다. 2018년에는 또 하나의 중요한 사회의식이 만들어졌습니다. '미투'와 '위드 유'가 그것입니다. 정치·경제적인 영역을 넘어 사회·문화적 의제들에 대한 본격적인 문제 제기가 진행되고 있습니다. 청년세대만이 아닌 중장년과 노년 세대의 의식도 달라지고 있습니다. 그리고 2024~2025년에 우리는 또 한 번 엄청난 집단 경험을 했습니다.

'경험으로부터 형성된 사회의식'은 절대 후퇴하지 않습니다. 왜냐하면 우리는 '새로운 세상을 보았기' 때문입니다. 새로운 세상을 본 사람들은 낡은 질서를 넘어서기 마련입니다. 이는 역사가 증명하는 사실입니다.

선거:
새로운 세계를 향한 결정적 투쟁

2016~2017년 이른바 '촛불혁명'은 1987년 이후 30년 만의 일이었습니다. 그리고 8년 후 2024~2025년 '빛의 혁명'이 일어났습니다. 깨어있는 시민들이 거리에서 직접 새로운 미래를 열어가는 일은 자주 일어나지 않습니다. 선거가 중요합니다. 선거는 우리가 획득한 역사적인 권리입니다. 현재의 질서가 그대로 유지되기를 바라는 세력과 부분적인 변화를 요구하는 세력과 새로운 세계를 원하는 세력들 간에 온 힘을 다해 투쟁하는 것이 바로 선거입니다.

특히 현대 한국 사회의 선거는 각 정치세력 간에 사활을 건 정치투쟁의 장으로 기능하고 있습니다. 주기적이고 대규모로 치러진

다는 점에서 거리의 일상적인 소규모 외침보다 훨씬 치열하고 그만큼 깊이 있는 고민을 담아 치러집니다. 서로 다른 계급과 계층의 대표자들을 부상시키거나 몰락시키며, 각계각층의 생활, 의식, 의지, 행동 전반의 1년을 일주일이라는 짧은 시간 속에 집약되어 분출됩니다. 선거는 현실의 우리를 이해하게 하며 많은 점에서 매우 중요합니다.

우리는 의외로 선거에 대한 이해가 깊지 않습니다. 언론에 보도되는 수준 정도로 인식하는 경우가 많습니다. 일종의 확증편향으로 진영 논리를 수용하고 재생산하는 태도도 많이 보입니다. 함께 학습하고 토론하며, 사회의 변화, 시민의 삶과 의식의 변화를 꾸준히 이해하는 노력이 필요합니다. 그리고 선거를 통해 새로운 세계를 만들어 내는 일에 함께 하는 것이 매우 중요합니다.

관성을 넘어 전진으로

우리에게 필요한 것은 이미 결론 내려진 이상(理想)을 관성적으로 되뇌는 박제된 신념이 아닙니다. 어떤 역경 속에서도 끝내 더 나은 길을 찾아내고야 마는 굳건한 태도와 부단한 노력이 본질입니다.

과거를 엄정하게 성찰하고, 현실을 냉철하게 진단하며, 미래를 명확히 통찰하여 그에 걸맞은 행동을 설계하고 실천해야 합니다. 우리가 서로의 손을 맞잡을 때, 비로소 시대는 전진하며 새로운 역사의 장이 열릴 것입니다.

03

지방자치단체 혁신과
풀뿌리 민주주의

"지역에서 생각하자! 글로벌로 행동하자!" 지방자치단체의 자기 혁신이 얼마나 중요한지를 일깨우는 구호입니다. 모든 지역이 고유한 정체성을 바탕으로 구체적인 대안을 고민하고 실천할 때, 비로소 정책의 보편성을 확보하고 주민의 삶에 실질적인 변화를 일으키며 글로벌 확장성까지 갖출 수 있다는 뜻입니다. 나아가 이미 보편성을 인정받은 국내외 사례들을 연구하여 각 지역의 실정에 맞게 창조적으로 적용한다면, 다른 지역이 배우고 싶어 하는 또 하나의 모범적인 성과를 만들어 낼 수 있을 것입니다.

우리는 창의성을 매우 중요한 가치로 삼고 많은 경우 그것을

'예전에 없던 것' 또는 '처음 나타난 것'이라고 생각합니다. 그러나 "하늘 아래 새로운 것은 없다"는 말이 있습니다. 창의성은 부단한 학습과 연구, 경험이 쌓였을 때 그 암묵지의 과정을 거쳐 나타난다고 생각합니다.

우리가 지방자치를 다시 경험하기 시작한 것은 의회는 1991년부터, 단체장은 1995년부터입니다. 벌써 30년에서 35년이라는 시간이 흘렀습니다. 이 기간 쌓아온 지방자치의 성과와 한계를 두고, 이를 연구하는 학계와 오랜 시간 관찰해 온 언론, 끊임없이 문제를 제기해 온 시민사회, 그리고 운영의 주체였던 정치권의 해석은 저마다 다릅니다.

지방자치제는 크게 보면 두 측면이 있습니다. 하나는 중앙정부로부터 지방자치단체로 권한, 재정 등을 이양받는 것입니다. 이를 '지자체의 자치 확대'라 부를 수 있습니다. 또 하나는 지자체에 사는 주민의 자치 즉 '풀뿌리 민주주의'의 권한 확대와 정착입니다. 이는 실질적인 주민자치권의 확대를 의미합니다. 그동안 전자는 꾸준히 이루어진 반면에 후자는 아직 갈 길이 멀었다고 생각합니다.

지방자치의 주인은 주민

언론인 출신이자 희망제작소 이사장으로 오랫동안 활동해 온 존경하는 윤석인 선배는 다음과 같이 진단합니다. 《지방자치가 우리 삶을 바꾼다》(윤석인, 희망제작소)에서 인용했고, 표현은 간소화했음을 양해 바랍니다.

"민선 5~6기부터 지방자치의 키워드로 참여, 혁신, 협치를 든다. 지방자치의 주인은 주민이며 '주민 참여와 민관협치(거버넌스)'가 곧 자치 혁신의 출발점이라는 점을 명확하게 인식하고 실천했다. 주민이 정책 아이디어를 내고 주민이 지역을 디자인하도록 기회를 주며, 협치 시스템을 통해 단체장의 권한을 주민과 공유하려는 노력을 광범위하게 실험했다. 주민 참여 예산제를 내실화하고,

민관협치 기본 조례를 제정해 협치를 제도화하려고 노력했다."

"'사람 중심의 지역 공동체'를 회복하려는 정책도 앞장서 실천했다. 중앙정부 주도의 성장제일주의가 낳은 경제 사회적 양극화와 사회적 갈등, '고용 없는 저성장'과 대규모 청년실업 사태 등을 해결하기 위한 출발점으로 마을과 지역공동체 만들기에 주목하고, 마을기업(커뮤니티비즈니스)과 협동조합, 사회적 기업 등 사회적경제와 공유경제 개념을 도입해 선순환의 사람 냄새 나는 경제 생태계를 조성하려고 노력했다. 그 과정에서 모범 사례들을 만들어 내고 중앙정부가 이를 주요 정책으로 수용하도록 견인했다."

故박원순 서울시장이 떠오르는 내용입니다.

"복지허브동(洞)과 '찾동'(찾아가는 동주민센터), 청년배당(수당), 무상교복 등 사회복지와 혁신 교육, 인권과 안전, 청소년 정책들도 양상이 비슷했다. 때로는 지방과 중앙정부 사이에 불협화음이 불거지기도 했지만, 동주민센터에 다수의 복지 플래너와 방문간호사를 배치한 서울시의 '찾동' 정책이 행정안전부를 통해 전국으로 확산한 것처럼 구체적인 성과를 내고 앞서가는 쪽은 대체로 지방정부였다. 토목 중심의 지역개발 사업을 줄이는 대신 현세대와 미래세대의 공존을 지향하는 지속가능발전의 새 패러다임을 도입하고, 실제 상황으로 성큼 다가온 글로벌 기후위기를 극복하기 위해 탄소중립과 신·재생 에너지로의 대전환을 선언하고 추진했다."

故박원순 서울시장과 과거 이재명 성남시장이 떠오르는 내용입니다. 시간이 지난 후 이런 정도의 평가를 받을 수 있다면, 자치단체장으로서 상당히 성공적이었다고 볼 수 있겠습니다.

계속해서 윤 이사장의 말입니다. "문재인 정부는 연방제 수준의 자치분권을 실현하겠다고 공약했다. 이에 민선 7기 자치단체장들은 자치입법권과 자치조직권, 자치재정권을 대한민국 헌법과 법률들을 개정해 제도화하고자 노력했다. 하지만 개헌은 없었다. 대신 2020년 12월의 지방자치법 전부개정안 처리와 두 차례의 지방일괄이양법 제정 등 상당한 성과를 거두었다. 재정분권도 미흡하나마 개혁으로 나아가는 첫걸음은 내디뎠다. 지방자치 부활 30년을 지나면서 자치분권이 불가역의 추세로 정착하고, 자치단체장의 이념적 성향이나 소속 정당과 관계없이 지역 주민이 주인으로 참여하고 이끌어 가는 지방자치 실현의 큰 흐름이 잡힌 것이다."

지방자치의 퇴행과
본질의 회복

아쉽지만 윤석열 정부 시절과 함께 했던 민선 8기 지자체장들에 대해 후한 평가를 내리기는 어렵다고 생각합니다. 우리가 모두 겪었듯이 대통령은 민주주의를 후퇴시켰습니다. 시도 때도 없이 자의적인 권력을 행사했고 많은 광역단체장이나 기초단체장들도 그를 따라 지역에서 '작은 제왕권'을 휘둘렀습니다. 특히 구조적으로 보면 지방의회가 지자체장을 견제하는 역량과 방식은 오히려 과거보다 후퇴한 경우를 자주 보게 됩니다.

서울에서 '협치'는 형식화되었고 국민의힘 소속 구청장들이 있는 곳에서는 아예 제도가 사라졌습니다. 주민 참여는 매우 형식화되고 주민의 결정권은 설 자리가 없었습니다. 주민의 삶과는 무관한 각종 개발만이 난무했습니다. 유람선을 버스라 우기며 한강에 띄운 일처럼, 송파구 가락시장 사거리에는 난데없는 수억 원짜리 태극기 게양대가 세워졌고 그 아래에 현직 구청장이 지었다는 시 한 수가 적혀있다고 합니다. 구청장이 극우 인물을 초청하여 구 예산을 낭비하는 동안 송파에서는 시민들이 원하는 문화적 품격이 높아졌을까요? 노인의 평균 건강 연령이 높아졌을까요? 자녀 교육의 질이 높아졌을까요? 걷기 좋고 자전거 타기 좋은 곳이 되었을까요? 생활 쓰레기 처리와 자원 순환이 나아졌을까요? 지역에 좋은 일자리가 늘어났을까요? 어느 상점이나 시장을 가도 환한 표정의 응대를 받을 수 있을까요? 그저 재개발 재건축을 되뇌는 것 외에는 특별히 기억에 남는 것이 없습니다.

주민이 행복해야 지역이 살아난다고 생각합니다. 송파 주민 중 상당수가 자신이 사는 아파트값에 관심이 있는 것은 사실입니다. 그러나 매일 아파트값만 생각하면서 사는 사람은 없습니다. 누구나 매일 다양한 생각을 하고 대부분은 좋은 생각을 하며 살고 또 그렇게 살고 싶어 합니다. 아침에 문을 나서며 느끼는 공기의 청량함, 차량의 소음이 아닌 새소리, 풀, 꽃 내음, 귀여운 아이들과 강아지와 고양이, 넉넉한 웃음을 보여주는 어르신, 예의 바르고 인사성 있는 학생과 청년, 빵 굽는 냄새, 찌들지 않은 표정의 상가 사람들.

이런 것들이 오늘 새로운 하루를 맞는 우리가 원하는 것들입니다. 아파트값이 오르면 주민이 행복하고 지역 경제가 살아날까요? 아닙니다. 압구정이나 반포에 사는 이들의 삶의 질이 송파보다 높다고 생각하는 주민들은 별로 없을 것입니다.

삶의 질을 높이기 위해서는 분야별로 우선적으로 해결할 것과 지속적인 과제, 그리고 숙의를 거쳐야 할 것들을 분류할 필요가 있습니다. 이런 과제의 선정 과정부터 구청장이 주도하는 것이 아니라 주민들과의 협치가 기본이 되어야 합니다. 자치권을 주민이 자율적으로 결정할 수 있도록 해야 합니다. 주민 모임을 이른바 관변단체로 만들어서는 안 됩니다.

지역에 꼭 필요한 재정사업을 시행할 때는 지방채를 적극 활용하는 것도 필요하다고 생각합니다. 대규모 토지나 건물이 필요한 사업의 경우엔 기채를 해서라도 미리 확보해 놓은 것이 비용을 절약할 수 있습니다. 당장 주민의 안전이나 삶에 직결된 시급한 행정서비스가 있는데도 재원확보 때까지 미루는 것보다는, 주민 동의를 받아 기채로 당장 해결하고 장기적 공채상환기금을 적립해 상환하는 것이 원칙에도 맞고 재정효율을 높이는 재정 운영 방식이라고 생각합니다.

송파투자공사 설립과
송파 발전을 위한 제언

한 가지 사례를 함께 생각해 보고자 합니다. '(가칭)송파투자공사'의 설립입니다. 송파구에서 자금을 출연하고 민간에서 함께 참여하는 방식으로 구성하여 투자 펀드를 만들 수 있습니다. 이 펀드는 송파구민은 누구라도 참여할 수 있습니다. 이 공사는 전문가들에 의해 엄격하게 운영합니다. 조성된 자금으로 송파구 청년들로 구성된 스타트업 기업과 사회적 기업에 투자합니다. 벤처캐피털과 경영 컨설팅을 연결하고, 관련 분야의 외부 기업, 기관들과 연계시켜 성장을 돕습니다. 여러 가지 필요한 정책 지원을 합니다. 초기 기업들을 육성하여 코스닥에 등록시키는 것은 충분히 가능합니다. 즉 "송파의 자녀들, 코스닥에 입성하다!"는 개념입니다. 유니콘 기업을 만들어 낼 수도 있습니다. 또 사회적 기업들은 많은 공공적인 모델을 만들어 우리의 삶을 풍요롭게 하고, 일자리를 크게 늘릴 수 있습니다.

이는 핀란드, 스웨덴 등 유럽 국가의 주요 도시에서 이미 시행하고 있는 모델입니다. 송파는 지리와 교통상 충분히 가능합니다. 기업이 성장할수록 양질의 급여와 탄탄한 복지를 갖춘 일자리가 늘어납니다. 상장 기업이 많아질수록 지역 사회와 투자한 시민들은 그에 따른 정당한 수익을 공유하게 됩니다. 청년들의 삶에 여유와 안정이 찾아온다면, 우리 곁에는 아기들의 웃음소리가 다시 울려 퍼지고 지역의 시비스 산업 또한 활기를 되찾을 것입니다. 우리가 지혜와 힘을 모은다면, 그리 길지 않은 시간 안에 이러한 놀라운 성과를 충분히 현실로 만들 수 있습니다. 언제까지 송파에는 롯데와 쿠팡이 있다는 말만 할 것인가요?

시대에 어울리는 자치와 분권이 실현되기를 바랍니다. 주민 주권의 일상화, 자치 입법권의 확장이 무엇보다 중요합니다. 그래야 그 위에 세워지는 자치 행정권과 재정권에 더욱 힘이 실립니다. 앞으로 송파 주민들, 송파구 의회, 송파구청이 이런 방향으로 나아가길 바랍니다.

아래의 한 줄 한 줄에 깃든 수많은 시민의 소중한 꿈이 반드시

실현되기를 간절히 바랍니다. 저 또한 그 꿈을 현실로 바꾸는 길
에 미력이나마 정성을 다해 힘을 보태겠습니다.

1. 시민주권을 강화하는 자치와 협치

　　주민 참여 예산제의 실질적 운영

　　자치행정의 주민 참여 : 결제시스템에서 온라인 플랫폼까지

　　마을자치와 주민자치회 강화

　　규모 있는 협치 시스템 구축

　　주민이 만드는 지역발전계획

　　시민이 갈등을 조정하는 시민배심원제

2. 혁신으로 일구는 지역경제 활성화 및 문화 품격

　　공공 서비스를 사회적경제 영역으로

　　대규모 청년 좋은 일자리 창출, 청년 창업 생태계 형성

　　걷고 싶은 거리, 행복한 마을 골목, 젠트리피케이션 방지 상생
협약

　　복지 사각지대 발굴 상설 프로젝트

　　주민 건강 책임지는 공공의료 시스템

　　복지와 나눔을 실천하는 지역재단

　　어르신 일자리 협동조합

　　교육혁신 모델, 도서관의 혁신과 진화

시와 음악 미술이 흐르는 마을, 문화재단의 변신

에너지 전환, 탄소중립사회, 로컬에너지, 기후위기대응센터

쓰레기 제로에 도전하는 순환경제 시스템 구축

3. 아래로부터 실현하는 보편적 인권

인권센터의 실질화, 성평등

생활임금제 도입과 비정규직 노동자 인권 증진

아동·여성 친화도시

범죄예방과 재난대책 시스템 구축을 통한 안전도시

청렴 행정과 감사제도 혁신

장벽 없는 장애인 일상생활 시비스 구축

04

민주화 시대를 겪은
중년-노년세대의
청년세대 이해를 위하여

2021. 4. 7. 서울시장 보궐선거 때
남녀 청년의 선택이 극명하게 나타났다

2030 세대 내에서 성별에 따른 투표 양상이 극명하게 엇갈렸습니다. 특히 남성 유권자의 절대다수가 오세훈을 선택한 일은 큰 충격을 안겼습니다. 이는 단순히 개별적 결정을 넘어, 우리 사회가 미처 준비하지 못한 뜻밖의 직면이었습니다. 이때부터 청년 남성들은 일관되게 진보정당이나 더불어민주당이 아닌 국민의힘이나 개혁신당을 주로 지지해 왔습니다. 민주화라는 단일한 시대정신을 공유하며 성장한 중·장년 세대에게 이러한 성별 이분법적 정치 지형은 이해의 임계점을 넘어서는 당혹스러운 균열입니다. 이 글은 청년세대가 처한 환경을 객관적으로 분석하고, 구조적 개선을 위한 세대적 연대를 만드는 데 도움이 되고자 하는 목적에서

작성하였습니다.

　본론에 들어가기 전 이해를 돕기 위해 청년 여성과 남성 유권자의 선택에 매우 큰 차이를 보인 2021년 4월 서울시장 보궐선거부터 살펴봅니다. 문재인 정부 시기였고 더불어민주당은 선거에 참패했습니다. 이 선거 과정과 결과에 주목할 만한 몇 가지 특징이 있습니다.

　첫째, 2017 대선, 2018 지방선거, 2020 총선까지 이어졌던 더불어민주당의 승리 관성을 꺾고 국민의힘이 판도를 뒤집어 승리한 것입니다. 각각의 선거는 '탄핵 대선', '한반도 평화 지방선거', '진영 총동원 총선'과 같이, '정권심판'이라는 대형 프레임이 작동한 선거였습니다. 후보의 자질이나 정책의 실효성에 대한 담론은 사실상 매몰되었습니다.

　둘째, 사실상 일대일로 경쟁한 서울과 부산시장 선거는 더불어민주당과 그 연합, 국민의힘과 그 연합의 대결이었습니다. 이 구도는 각 연합을 구성하는 집단들의 성격 변화가 포함되어 있었습니다. 이른바 진보층, 중도층, 보수층 등의 입지 및 선택의 변화가 그것입니다. 특히 이 변화를 잘 보여주는 것이 서울시장 선거였습니다.

셋째, 11개월 앞으로 다가온 대선과 대선 직후 치러질 지방선거와의 연관성입니다. 결국 이는 윤석열 대통령 당선과 국민의힘의 지방선거 승리로 귀결되었습니다.

넷째, 진보정당들의 몰락을 분명하게 확인시킨 선거였습니다.

이러한 변화를 극명하게 보여주는 2021년 서울시장 보궐선거를 중심으로 당시의 정치 상황을 간략히 살펴보고자 합니다. 더불어민주당은 민주당, 국민의힘은 국힘으로, 또 직책을 제외하고는 간략히 인물 이름만 쓰는 점을 양해 부탁드립니다.

– 4.7. 재보궐선거의 분기점

3.23. 오세훈과 안철수의 단일화는 오세훈의 승리로 끝났고 이것이 큰 분기점이 되었습니다. 오세훈은 3월 첫 주에 당 후보로 선출된 직후부터 여론에서 앞서고 있었습니다. 이에 따라 국힘은 '이길 것'이라는 자신감을 바탕으로 기존의 방식과는 다르게 침착하고 은밀하게 조직을 움직여왔습니다. 후에 밝혀진 여론조사 기관들의 조사 결과는 오세훈-안철수 단일화 이후 오세훈과 박영선의 차이가 훨씬 크게 벌어졌음을 보여줍니다. 이는 부산 선거에도 영향을 주었고 부산에서도 박형준과 김영춘의 격차가 더 커졌습니다. 주목할 점은 국힘 당내 경선에서 오세훈이 나경원을 이긴

것입니다. 오세훈이 갖는 중도 성향의 이미지가 결정적이었다고 분석됩니다. 김종인 비대위원장 체제 이후 당이 극우 아스팔트 세력에서 벗어나 변화를 꾀하며 중도 지향적인 행보를 통해 지지율 상승을 얻은 것과 궤를 같이하기 때문입니다. 즉 오세훈은 김종인이 만들어 놓은 흐름에 올라탄 덕분에 후보로 노출된 기간이 짧았음에도 승리하게 된 것입니다.

한편 김종인 체제 동안 집권 세력인 민주당과 청와대는 국힘의 성장을 제어하기는커녕, 이들이 급성장할 수 있도록 비료를 주고 물을 뿌려주었습니다. 대통령, 지방 권력, 국회 권력을 다 가졌음에도 불구하고 중신층과 서민의 삶은 개선되기는커녕 제자리걸음이었고, 한반도 평화에 대한 기대는 금세 사라졌으며, 코로나 상황은 수습되지 않은 채 장기화하며 대중의 피로감을 더했습니다. 이에 더해 안희정 충격이 가시지 않은 상태에서 이어진 오거돈, 박원순 사건에 대해 민주당은 보편적인 상식과는 거리가 먼 행보를 보였습니다. 상식 밖의 대응은 물론, '조국 사태'로 촉발된 공정성 논란과 청와대, 정부, 여당 고위직의 다주택 소유 문제가 결정적이었습니다. 이는 부동산 가격 폭등과 결합하며 대중의 분노에 불을 지피는 촉매제가 되었습니다. 문재인 정부가 출범한 2017년 5월 서울 아파트 평균 가격은 국민은행 통계 기준으로 6억 원이었는데, 2021년 3월에는 11억 원으로 폭등했습니다. 게다가 정부 여당은 사회의 제대로 된 '미래'와 '희망'은커녕, 계속 진영 논리로만 일관했습니다. 일련의 사태는 결국 진보층의 이반과 중도층의 반발을 불러왔으며, 결과적으로 국힘이 민주당에 맞설 수 있는 실질적인 동력을 확보하는 계기가 되었습니다.

- 4.7. 본선

본선을 앞둔 여론조사는 이미 선거의 향방을 갈음하고 있었습니다. 오세훈과 박영선의 대결은 '바람' 민심과 조직의 대결이었습니다. 언론들은 앞다투어 여론조사 결과를 공표했고, 민심의 바람에 실질적인 동력을 불어넣었습니다. TV토론을 포함하여 민주당의 공세는 내곡동 부지와 부산의 LCT 의혹, 그리고 그 과정에서의 '거짓말' 프레임에 국한되어 있었습니다. 해당 메시지는 예전 이명박의 도곡동 땅과 BBK 문제에 비한다면 극히 미미한 공세에 지나지 않았습니다. 높은 투표율에 대한 언론의 관측은 보수·중도 유권자의 결집력을 투영한 것이었고, 결과적으로 그 관측은 유효한 실체로 증명되었습니다. 한편 진보정당들을 지지하는 유권자층은 과거 선거와는 달리 박영선에 대한 '비판적 지지'를 선택할 명분조차 거의 없었습니다. 이들의 투표 포기 가능성은 이미 예견된 사안이었으며, 결과 또한 그 궤적을 벗어나지 않았습니다. 민주당 지지층 내에서 진보정당 지지자들이 갖는 상징적 무게를 감안하면, 지지층 내부의 투표 동력 상실은 이미 예고된 참패의

전조였습니다. '혼나봐야 정신 차릴 것'이라는 정치적 심판론과 기성 정치권을 향한 염증과 냉소적 정서가 강력하게 작동하고 있었습니다. 민주당은 3.23. 이후 2주간 '진영 논리'를 강화하고, 조직을 가동하여 유권자들을 투표소로 견인하려 시도했지만 진영의 내부 결집과 응집력을 발현시키지 못했습니다. 민주당으로서는 진보 진영의 회귀를 이끌어 낼 '비판적 지지의 명분'을 선제적으로 구축하지 못했고, 대응 시점마저 놓쳤습니다. 결과적으로 일련의 사태들로 돌아선 중도층의 마음을 되돌리기에는 역부족이었습니다. 심지어 당내 일각에서는 '버리는 선거' 이야기도 나왔습니다. 박영선이 후보로 준비가 부족했딘 점도 드러났고, 박영선의 참모 그룹긔 선대위 사이에 이견과 불협화음마저 분출되었습니다.

– 확실한 부동산 계급투표 성향

강남 3구의 총유권자 수는 1,372,720명으로 서울 총유권자수의 16.3%입니다. 여기서 오세훈은 압도적 지지를 받았습니다. 또 강동구, 양천구, 동작구, 마포구 등 아파트값이 비싼 지역의 투표율이 높았음을 알 수 있습니다. 이 지역들은 명확한 '계급투표' 성향을 보였을 뿐만 아니라, 이를 공개적이고 공식적인 방식으로 공론화하는 데 주저함이 없었습니다. 이는 매우 중요한 문제이며 이후 각종 선거에서 계속 나타납니다. 첫째, 조국 사태 이후 고착화된 기성 정치권을 향한 도덕적 회의론으로 '너희라고 무엇이 다르냐'는 근원적 불신과 둘째, 부동산 가격 상승으로 인한 자산 가치 상승의 수혜와는 별개로, 2020년 총선에서 세금 폭탄으로 명명된 징벌적 과세에 대한 거부감이 강력한 명분으로 작용했고 셋째, 지역 주민 내 중도층의 이반에 대한 집단 경험으로 첫째와 둘째 항목을 마음 놓고 떠들 수 있었던 점, 넷째 오세훈-안철수 단일화로 투표 명분이 생긴 것 등을 포함하여, 강력한 '정권심판론'의 진원지가 되었습니다.

한국에서 아파트는 부와 신분의 상징입니다. 초등학생 사이에서 빌라에 사는 사람을 부르는 '빌라 거지'의 약어인 '빌거'라는 말이 유행한 것은 2018년부터입니다. '휴거'라는 말은 LH의 과거 아파트 브랜드인 '휴먼시아'를 이용한 '휴먼시아 거지'의 줄임말로 임대아파트 거주자를 비하하는 뜻입니다. 주거지를 기준으로 계급을 나누고 차별하는 멸칭(蔑稱)인 '빌거'의 등장은 우리 사회의 일그러진 단면을 보여줍니다. '휴거'가 청소년기의 냉소를 반영했다면, '빌거'는 그보다 어린 초등학생의 일상마저 오염시켰다는 점에서 사태는 참담합니다. 이는 '강남 거주'가 단순한 주소를 넘어 하나의 권위적 상징으로 치환되는 현상과 궤를 같이 합니다.

부동산 자산 축적을 향한 열망은 개인의 실리적 욕구를 넘어, 우리 사회의 구조가 강요하고 뒷받침해 온 '제도화된 생존 양식'

에 가깝습니다. 수십 년간 부동산 가격의 지속적인 상승과 성공적인 자산 축적 경험은 지배적인 '사회윤리'로 내면화되었습니다. 강남과 신도시에 이어 전국적으로 확대된 부동산 성공 신화는 모든 세대를 아우르는 매우 강력한 사회적 질서의 근간이 되었습니다. 우리나라 공공복지의 양적 확대에도 불구하고 자산에 대한 맹신과 의존도는 도리어 심화되었는데, 그 기저에는 계층 하락에 대한 공포와 노후의 불확실성이 자리 잡고 있습니다. 한편으로는 불안의 시대를 견디게 하는 심리적 보루(堡壘)이자 정서적 지지체로 작용합니다. 즉 상층 여성들에게 명품 소비는 자신의 사회적 지위를 재확인하는 일종의 '문화적 의례'이자, 자부심과 위신을 다듬는 정서적 고양의 과정인 것과 유사합니다.

2015년 통계청 인구주택총조사에 따르면, 서울의 65세 이상 고령자 중 소득수준이나 주택 가격이 높은 강남 3구 거주자들은 여가, 종교 활동, 학술단체 참여 등 사회활동 참여 비율이 타지역보다 월등히 높았습니다. 이중 서초구는 고령 인구에서 압도적으로 학력이 높고 평균 수명이 길며 자산이 많은 1위를 차지했습니다. 반면 서민이 많이 살거나 임대아파트가 많은 지역에 거주하는 이들은 경제활동 종사 비율이 높게 나타났습니다. 거주 지역은 부의 척도를 가감 없이 투영하며, 이는 필연적으로 상이한 생활 양식과 문화적 층위를 형성합니다. 따라서 계급투표 경향은 우리 정치사에서 이미 오래전 고착화된 익숙한 현상입니다.

– 득표 결과

박영선 39.18, 오세훈 57.50, 신지혜 0.48, 허경영 1.07, 오태양 0.13, 이수봉 0.23, 김진아 0.6, 송명숙 0.25, 신지예 0.37였습니다. (기호순, %). 박영선과 오세훈의 득표율이 96.68%이고 남은 3.32%를 나머지 후보들이 득표하였습니다.

첫째, 제3당으로서 민생당은 직전 총선을 통해 사실상 정치적으로 소멸되었고, 이후 1년간 언론의 주목을 받은 적이 없고, 이수봉 또한 대중적으로 알려진 인물이 아니라는 점에서 소멸을 재확인했다고 보입니다.

둘째, 정의당, 노동당, 녹색당이 출마하지 않은 상태에서, 진보정당 지지표는 불참 또는 분산이 예고되었습니다. 우선 원내정당인 기본소득당의 신지혜보다 여성의당의 김진아가 높은 것이 눈에 띕니다. 이는 유권자들이 '여성문제'에 더 주목한 것이라고 볼 수 있습니다. 한편 공보물, 현수막, 포스터를 통해 나타난 '페미니즘' 유사성을 가진 신지혜, 김진아, 신지예를 합하면 1.53%입니다.

셋째, 허경영은 여러 번의 출마, 특히 직전 총선에서 많은 후보를 냈고, 이 선거에서도 차량이 많이 돌아다니고, TV 선거 연설을 하는 등의 노력에 대해, 거대 양당에 실망한 유권자층이 지지한 것으로 보입니다. 하지만 유권자들이 허경영을 제3당으로 인정했다고 보기에는 지지율이 매우 낮았습니다.

넷째, 오태양은 미래당의 의제가 청년이라는 점을 제외하면, 남성 후보인 점, 미래당의 정책이 다른 진보정당에 비해 미약하고, 조직력이 약한 점을 고려하면, 자기 역량과 비슷한 정도의 지지를 받았다고 볼 수 있습니다. 한편 송명숙은 진보당의 후보이고, 민주노총이 지지한 후보였지만 당과 민주노총이 갖는 선거 능력의 한계를 여실히 보여주었습니다. 신지혜, 오태양, 김진아, 송명숙, 신지예를 합하면 1.91%입니다. 진보정당의 현 수준이라 할 수 있습니다.

많은 이들을 놀라게 한
청년층 남녀 투표 결과

이 선거에서 많은 이들을 놀라게 한 20대 남녀의 투표 결과를 살펴봅시다. 언급된 자료는 방송 3사의 출구조사를 토대로 했습니다.

18세~30대 초반 여성은 모든 세대 가운데 박영선 지지가 높았고 기타 후보 지지가 높은 층이 었습니다. 진보 성향 후보들의 당선 가능성이 희박한 것을 알면서도 민주당이 아닌 다른 선택을 한 것은 의미가 큽니다. 현실이 아닌 미래를 위해 투표한 것입니다. 이 점에서 18세~30대 초반 여성은 한국 사회의 미래에 대한 희망을 보여주었습니다. 또 경제적 평등만큼이나 엄중한 성평등 의제에 있어, 이번 보궐선거는 그 발단부터 전개 과정 전반이

젠더 이슈와 맞물려 있었습니다. 고 박원순 시장의 사건으로 촉발된 선거의 성격, 그 이후 이어진 2차 가해 논란, 여기에 정의당 대표의 성 비위 사건까지 겹치며 유권자의 선택은 페미니즘이라는 거대한 담론의 중심부로 수렴되었습니다.

주지하다시피 여성들은 우리 사회의 뿌리 깊은 성 불평등 구조 속에서 차별을 감내하고 있으며, 일상을 위협하는 성폭력의 공포를 상시적으로 마주하고 있습니다. 이 문제를 정면으로 드러낸 여성 후보 3명에게 집중 투표를 한 것은 새로운 미래를 열고자 하는 중요한 행동입니다. 동시에 거대 양당 구조를 넘어서려는 행동으로 평가할 수 있습니다. 젊은 여성층이 페미니즘을 넘어 평등, 평화, 생태라는 인류 보편적 의제에 가장 민감하게 반응하며, 시대의 변화를 선도하는 가치 지향적 집단임은 이미 자명한 사실입니다.

한편 20대 남성의 72.5%가 오세훈을 선택한 것에 대한 원인 분석과 이해는 다소 복잡합니다. 이 현상의 분석과 이해에는 다면적 접근이 필요합니다. 단순히 청년세대의 보수화나, 박영선이 말한 것처럼 역사에 대한 경험 부족으로 원인을 돌리는 것은 잘못된 판단입니다.

문재인 대통령 취임 직후 2017년 6월 여론조사에서, 20대 남성의 국정운영 지지율은 민주당의 가장 강력한 지지층인 40대 남성 89%와 거의 같은 87%였습니다. 그런데 2018년 12월 여론조사에서 20대와 30대 초반 남성 지지율은 20%대까지 급격히 하락했습니다. 페미니즘을 둘러싼 논쟁, 혜화역 시위, 이수역 사건 등을 둘러싼 논쟁이 계기가 되었습니다. 강력한 지지층이었던 이들이 급격하게 문재인 정부에 대한 지지를 철회한 이유를 살펴봅시다.

이들은 초등 교육부터 시작된 치열한 입시 경쟁으로 한 번, 대기업과 공기업, 정규직과 비정규직이라는 노동 시장의 이중 구조 속에서 또 한 번, 그리고 부모의 자산 유무라는 세습적 불평등 앞에서 세 번, 사람의 등급을 끊임없이 미분(微分)하는 사회 속에서 성장해 왔습니다. 연애, 결혼, 출산은 등급에 따라 할 수 있거나 할 수 없는 일이 되었습니다. IMF 이후 한 세대 만에 우리 사회가 이렇게 만든 것입니다.

20~30대 남성 청년들에게 삶은 곧 경쟁입니다. 어릴 때부터 '공정'과 '합리성' 그리고 '민주주의'를 배우고 익혔으며 초등학교 반장 선거부터 남녀의 차이는 없었습니다. 남성우위의 사고와 문화는 공정, 합리성, 민주주의에 위배되므로 그들 내에서는 통용되지 않았습니다. 단지 그들의 부모, 조부모와 이웃 등 기성세대만

이 남아선호사상을 가지고 있었을 뿐입니다. 이렇게 성장한 젊은 남성들에게 대안도 제시하지 않고 군가산점을 폐지하는 상황은, 군대 생활로 단절된 인생을 국가와 사회가 아무 방식으로도 보상해 주지 않는 '제도적 불합리', '불공정'으로 받아들여졌습니다. 이들은 대학 진학률에서 여성이 남성을 앞지른 경험을 한 세대이고, 각종 시험에서도 여성의 합격률이 남성을 앞서는 경험을 겪었습니다. 30대 중반까지 성별 임금 격차가 거의 없는 환경에서 대등하게 경쟁해 온 이들에게, 이후 마주하게 되는 유리천장과 임금 불균형은 기성세대가 만든 부조리한 유산입니다.

한편 또래 여성들이 남성보다 범죄 피해에 노출되어 있고, 때로 불리한 조건에 있으며 자신의 어머니가 가부장제의 피해자라는 데에는 동의하지만, 젊은 남성을 잠재적 가해자로 범주화하는 시선에 강한 거부감을 표합니다. 자신들의 정당한 권리 주장을 '여성의 고통에 대한 보상' 차원에서 묵살하려는 기성세대와 언론의 태도를 '전도된 가부장적 시혜주의'로 규정하며 분노를 표출했습니다. 청년 남성들은 기성세대가 누렸던 가부장적 특권에 대해 일말의 환상도 수혜의 경험도 없다고 반발합니다.

래디컬 페미니즘으로 지칭되는 급진적인 여성주의 논란에 대해 민주당이 문제 해결에 적극적이지 않았던 것은 분명한 사실입니

다. 수구정당은 이 상황을 때마다 활용했고 청년 남성들은 진보정
당들 역시 여성 편에만 서 있다고 인식했습니다. 이들은 기득권층
이 사회경제적 계급 문제를 급진적 페미니즘이라는 젠더 대결 프
레임으로 치환하여 본질을 흐리고 있다고 생각합니다. 청년 남성
들은 사회경제적 불평등이라는 본질적인 모순과 직접 맞설 수 있
는 선명한 전선을 요구하고 있는 것입니다.

"기회는 평등하고, 과정은 공정하고, 결과는 정의롭게"라는 구호
는 '조국 사태' 이후 심각하게 훼손되었습니다. 청년들은 조국 부
부의 자녀 문제에 대해 최순실 정유라 문제와 차이가 없다고 느
꼈습니다. 그리고 부동산 폭등은 영혼까지 끌어내 투자한다는 뜻
의 '영끌'이라는 신조어를 탄생시켰으며, 부동산을 살 수 없는 이
들을 주식시장과 비트코인으로 몰아넣었습니다. 주식시장과 가상
화폐에 참여하는 청년 남성의 비율이 여성보다 압도적으로 높은
것도 이해가 필요합니다. 부모와 친척의 기대, 엄친아(엄마 친구 아
들)와 비교되는 현실과 한국의 강고한 자본주의 질서 속에서, 자
산 축적은 개인이 마주한 구조적 모순을 돌파할 유일한 실존적
방책으로 인식되기 때문입니다.

한편, 청년들에게 인터넷과 모바일은 물리적 공간의 제약을 넘
어선 또 하나의 세계가 되었습니다. 국가는 기업들 특히 재벌들의

요구에 따라 인터넷과 모바일 관련 산업을 육성했고 게임과 커뮤니티 서비스는 IT기업 육성이라는 미명하에 급성장했습니다. 부모들이 주는 용돈으로 유소년들은 이른 나이에 소비자가 되었고, 그들만의 세계를 빠르게 만들었습니다. 게임 중독, 게임 머니, 커뮤니티 갈등 등 온갖 문제가 터지고, 텔레그램 N번방, 단톡방 등을 통한 포르노와 성 착취물이 넘치고, 마약까지 급격히 확산되는 통로가 되었습니다. 사회적으로는 '일베'와 같은 극단적 혐오 공동체가 발흥하고, 폭력적인 댓글 문화와 폐쇄적인 '끼리끼리 문화'가 공고해졌습니다. 우리는 이 파괴적인 과정의 중심에 공익적 책임은 방기한 채 오직 트래픽과 이윤만을 좇는 기업의 '약탈적 상업주의'가 자리 잡고 있있음을 직시해야 합니다. 이 과정에서 수많은 청년은 돈을 내는 단순 소비자로 더 강력하게 포획되어 갔습니다. 실제 현실을 넘어 가상의 영토마저 자본 없이는 생존할 수 없는 공간으로 변질되었고 불행하게도 청년들은 그 왜곡된 가상 세계 안에서 자신의 존재를 증명하기 위해 사투를 벌여야 했습니다. 이 과정에서 언론 권력은 젠더 갈등을 의도적으로 기획하고 중계하며 트래픽을 수익화했습니다. 국가와 정당, 시민사회와 부모세대는 이들을 온라인의 늪에 방치한 채 기성세대의 안온함을 누려온 총체적 방임과 책임이 있습니다.

기성세대는 성실한 노동이 안락한 미래를 담보하던 '성장의 시대'를 통과해 왔습니다. 그들에게 민주화는 삶의 질을 높이는 진보의 이정표였고, 노력은 곧 계층 상승의 사다리가 되었습니다. 그러나 오늘날의 청년들은 성장이 멈추고 기회가 봉쇄된 전혀 다른 사회 구조 속에서, 분투해도 제자리걸음일 수밖에 없는 실존적 무력감을 마주하고 있습니다. 유년기부터 의무적으로 학습지를 해야만 했고, 놀이터에는 아무도 없으니 싫더라도 학원에 가야 했으며, 오직 합리성과 경쟁만이 살길이었습니다. 청년들의 '경험'에는 낙타가 바늘구멍에 들어가는 것과 같은 기회를 잡아 '안정된 미래'를 얻거나, 아니면 이에 실패해서 평생 불안정한 미래로 전락하거나 하는 것 외에는 달리 선택지가 없었습니다. 지금의 청년세대는 이전 세대와는 근본적으로 다른 환경에서 살아왔고, 단순히 '선진국에서 태어나 자란 세대'라고 말하는 것은 사실의 작은 면만을 드러내는 것입니다. 계급 계층적으로 그렇지 않은 이들의 숫자가 압도적으로 많기 때문입니다. 청년세대가 '부모보다 가난한 첫 세대'라는 것은 이미 보편화된 이야기입니다. 물려받을 것이 없는 이들이 부모 세대보다 경제적으로 안정될 가능성은 거의 없습니다.

그러나 청년들이 성장 과정에서 공정, 합리성, 민주주의를 배우고 익힌 것 이상으로, 이 세대에게는 본질적인 급진성이 있고 기성체제를 전복하려는 저항 에너지를 가지고 있습니다. 이 세대가 기존 체제를 거부하는 것을 우리는 2016~2017년 촛불혁명 과정에서 보았습니다. 문제는 가장 절박하게 이 시대를 살아가고 있는 이들의 잠재된 에너지가 어디로 나아갈 것인가입니다. 오늘날의 청년들에게 수구기득권과 민주개혁세력이라는 해묵은 이분법은 더 이상 설득력을 갖지 못합니다. 이들은 사회경제적 불평등과 생태적 위기라는 시대적 소명 앞에서 무책임으로 일관하고, 종교적 기득권의 눈치를 보며 시대정신을 역행하는 두 거대 정당 모두를 '구조화된 비합리 세력'이자 '기득권의 공생 관계'로 규정하며 냉소하고 있습니다.

청년세대는 '식민지 근대화론'이라는 왜곡된 프레임을 단호히 거부하며 올바른 역사적 자존감을 견지하고 있습니다. 이들은 미·일뿐만 아니라 중·러에 대해서도 무비판적 추종이나 막연한 적대감을 넘어, 국익과 가치를 기준으로 상대를 대하는 기성세대보다 훨씬 더 자주적이고 균형 잡힌 외교적 감수성을 지니고 있습니다. 북한에 대해서는 단지 '가깝지만 귀찮은 존재'로 인식하고 있는데, 청년세대에게 수구 정당의 낡은 반북 공세는 비합리적인 공포 선동에 불과합니다. 동시에 민주·진보 진영의 민족 공조 담론 또한 시대의 변화를 읽지 못한 구닥다리 방식으로 느껴지고 있습니다.

무엇보다 중요한 것은 '헬조선', '대한민국을 떠나고 싶다'는 청년들의 외침입니다. 그동안 기성세대는 이를 외면해 왔습니다. 떠날 수 있는 사람들은 떠났지만 떠나지 못하고 남은 이들과 그 후배들은 아우성을 터뜨리고 있습니다. 오늘날 한국 사회는 청년들이 바라는 '공정', '합리', '민주주의' 개념이 실현되고 있지 않으며 거대한 분노가 기득권 세력을 향하고 있습니다.

이들에게 진보개혁정당 또는 진보사회단체들이 '너희 스스로 평등, 평화, 생태 사회를 만들라' 하는 말은 멀게만 느껴집니다. 당장 오늘의 생존을 걱정해야 하고 불확실한 미래를 위해 단 1분의 시간도 아껴 써야 하는 이들에게, 공적 영역을 위해 나설 여력은 남아있지 않습니다. '내 코가 석 자인데 왜 내가 나서야 하는가'라는 이들의 반문은, 사실 각자도생을 강요해 온 사회가 낳은 비극적인 결론입니다. 이들은 온라인에서 목소리를 높이는 '가성비의 정치'를 택할 뿐, 현실의 광장으로 나설 여력은 남아있지 않습니다. 청년들을 이렇게 만든 것이 바로 우리 기성세대이므로 이들과의 현실 접점을 만드는 일 역시 기성세대가 해야 합니다.

정치적으로 볼 때 2021년 서울시장 선거에서 오세훈 캠프는 이준석을 내세워 남녀 청년을 대립시켰고, 그 결과 그들 말로 '재미'를 보았습니다. 이 작전은 2022년 대선에서도 감행되었고 2025년

대선에서도 이준석이 활용합니다. 대선에서 이준석에게 투표한 청
년들은 이준석이 늘 공정을 주장하고 청년들의 목소리를 수용하
는 것 같다고 여기며 스스로 소신 투표를 했다고 생각합니다. 그
러나 이준석의 공정은 능력을 절대적 기준으로 삼는 신자유주의
적 경쟁 논리의 산물입니다. 우리는 구조적 불평등을 타파하는
실질적 평등의 논리를 새로이 정립해야 합니다.

집회 문화가 달라졌다 ◀

한 청년 여성의 발언입니다. "박근혜 탄핵 때는 투쟁적이고 엄중해야 한다는 인식이 강했다면, 윤석열 탄핵 때는 집회가 파티처럼 바뀌고 다들 즐기는 분위기였다. 집회 자체가 즐겁지 않으면 20~30대 여성이든 남성이든 참여하지 않는다. 즐거워야 하고, 너무 정치적이지 않아야 한다는 생각들이 강한 것 같다."

다른 청년 여성의 발언입니다. "청년 여성들은 여성가족부 폐지 공약 등 윤석열 정권의 반(反)여성 행보 때문에 집회에 많이 나왔다. 또 교과서에서나 보던 사건을 목격했을 때의 압도적인 충격 때문에도 나왔다. 또 SNS로 소식을 팔로우하거나 물품을 후원한 이들도 많다."

우리 사회의 20~40대 초반 여성들이 가장 많은 책을 읽고, 공연과 영화 관람, 박물관 방문이나 여행에도 가장 적극적입니다. 즉 지적이고 문화적인 활동에 참여하는 것은 물론 민주주의와 공정성에 관한 생각에도 앞서 있습니다. 윤석열 퇴진 집회 이전 수년간 사회적 이슈가 되었던 집회들은 기성세대가 보기에는 '중심 없는 운동' 형태로 진행되었고, 매우 느슨한 연대로 이루어졌습니다.

한 청년 여성의 말입니다. "청년들은 '왜 우리가 조직되어야 하는가'에 대해 강한 의문을 갖고 있다. 속되게 말하자면 집회든 정당이든 정치운동이든 그것에 소비자 또는 관광객처럼 참여한다."

다른 청년 여성의 말입니다. "윤석열 퇴진 집회는 윤석열을 탄핵하고 일상을 회복하려는 열망으로 대규모로 모인 것이다. 그리고 집회 문화는 여성 청년들의 참여로 많이 바뀌었다. '평등하고 민주적인 집회를 위한 모두의 약속'으로 대표되는 평등한 집회 문화다. '공식적인 발언을 할 때는 누군가를 혐오하거나 배제하는 발언을 하면 안 된다'는 것이 규칙이었다."

한편 청년세대는 목적을 달성한 이후 다시 모이는 것에 대해서 전혀 관심이 없습니다. 특히 20~30대 여성은 50~60대 이상 세대와 감수성 자체가 다르며 그들은 조직을 중요하게 여기지 않습니다.

청년세대를 이해하기 위해서는 자산, 소득, 직업 등 계급 계층 문제도 함께 고려해야 합니다. 한국은 IMF 이후 계급 재생산이 본격화되었고 세대 문제는 이것과 연결되어 있습니다. 청년들은 영호남 지역 대결로 표현되는 지역 문제에 관해서는 기성세대보다 자유롭지만 현실 정치의 바탕에는 여전히 지역 문제가 남아 있습니다.

더 생각해 볼 점은 의제를 주도하는 사람이 누구인가 하는 것입니다. 성평등 문제뿐만 아니라 소수자와 장애인의 인권, 비정규직과 플랫폼 노동자의 불안정한 생존, 인류의 존립을 위협하는 기후위기와 반복되는 사회적 참사까지 수많은 실존적 과제들이 있습니다. 지난 15년간 여성의 사회 진출이 늘어나며 입지를 다졌지만 강남역 살인 사건으로 나타났듯이 사회는 여전히 불안전합니다. 텔레비전에서 미스코리아 선발 대회를 송출하는 일은 없어졌지만 성폭력이나 여성의 성상품화는 계속 진행되고 있습니다. 소비층에는 물론 40대 이상 남성도 있지만 주로 20~30대 남성들입니다. 이런 문제들이 해결되지 않고 일상을 지배할 때, 개인은 단순한 불편함을 넘어 만성적 불안에 잠식됩니다.

그러나 계급적으로 보면 이 문제는 중산층 여성들에게는 매우 중요하지만, 중하층 노동자에게는 비교적 낮습니다. 이들은 사회 진출 자체가 어렵고, 임금 격차가 더 크며 직장 내 민주주의에서도 훨씬 강한 압박을 받습니다. 비정규직 여성 노동자들은 모든 면에서 훨씬 차별을 심하게 겪고 있으므로 계급 문제, 성차별 문제, 사회 불안정성 문제를 함께 고려해야 합니다.

청년 여성들은 상황마다 다른 리더십을 따라 움직이지만 이들의 의견을 정당들이 제도적으로 반영하는 것은 매우 늦습니다. 청년 남성들에게 정당한 공론장을 마련해 주는 대신, '잠재적 가해자' 혹은 '기득권 세력'이라는 낙인을 찍고, 동등한 주체가 아닌 교정의 대상으로 바라본 진보 진영의 태도는 청년들에게 뼈아픈 냉소와 조롱거리가 되었습니다.

청년 남성들이 민주당,
진보정당들을 떠난 3가지 큰 사건

2016~2017년 박근혜 탄핵 당시 20~30대 남성의 85% 이상이 찬성했으며 광장에도 많이 참여했습니다. 2017년 대선에서도 문재인 후보의 지지율이 압도적으로 높았지만 청년 남성이 등을 돌리게 된 첫 번째 사건이 인천국제공항공사 정규직 전환 문제였습니다. 문제를 처리하는 과정이 공정하지 않다고 보았기 때문입니다. 두 번째는 2018년 평창 동계올림픽에서 있었던 여자 아이스하키 남북 단일팀 구성 문제였는데 이 또한 공정하지 않다고 보았습니다. 결정적인 사건은 2019년 이른바 '조국 사태'로 '내로남불'이라는 비판이 쏟아졌습니다. 청년 남성들은 세 번의 사건을 겪으며 격렬하게 의견을 내놓았는데, 당시 민주당과 정부는 이들을 계

속 무시하는 태도를 보였습니다. 당시 정의당도 이들의 문제 제기에 적극적으로 동조하지 않았고 이후 청년 남성들에게 민주당과 정의당은 '나쁜 놈들'이 되었습니다. 2020년 총선과 2021년 보궐선거에서 청년 남성들이 집단적으로 돌아선 이유입니다. 정당들은 소통 실책을 깊이 되돌아볼 필요가 있습니다.

새로운 문화 현상

'조모증후군'이라는 용어가 있습니다. 조모(JOMO)는 "Joy Of Missing Out"의 약자로, 다른 사람들이 하는 활동을 일부러 하지 않음으로써 얻는 긍정적인 감정을 뜻합니다. 즉 다른 사람들이 원하거나 즐기는 일에 참여하지 않음으로써, 스트레스를 줄이고 자신만의 시간을 갖고 또 이것을 소중하다고 여기는 사람이나 상황에 대한 설명입니다. 소외되는 것을 부정적으로 보지 않고 오히려 그 속에서 즐거움을 찾는 태도를 말합니다. 보통 스마트폰에서 소셜 네트워크 서비스(SNS) 애플리케이션을 삭제하거나 온라인 관계를 줄이는 등의 행동으로 나타나기도 합니다. SNS를 한 달 동안 사용하지 않는 챌린지, 디지털 디톡스 등이 인기를 끈 바

있습니다.

반대로 포모증후군(Fear of Missing Out syndrome)은 유행에 민감하고 사회적 흐름에 뒤처지는 것을 불안해하는 현상으로, 남들보다 뒤처지거나 제외되는 것에 대한 두려운 감정을 뜻하는 말입니다. 최근에는 스마트폰을 놓지 못하는 이들이 SNS 속 지인들의 행복한 모습을 보고 소외감이나 두려움을 느낄 때 많이 사용합니다. 포모는 원래 마케팅 용어로써 물건을 구매할 때 '한정 수량', '매진 임박' 등 집단에서 벗어나기 두려워하는 인간의 본성인 소외 불안을 구매 행동으로 유인하는 전략이라고 합니다. 이런 심리가 구매 행위를 넘어 재테크, SNS 등에 확산된 것입니다. 고인 열풍, 여행 사진이나 맛집 사진 등 소위 인생샷을 경쟁적으로 찍어 올리는 SNS가 포모증후군의 대표적인 예라고 할 수 있습니다.

이 용어들은 2022년에 나타난 것으로 보입니다. 20~30대는 이 용어를 일상에서 많이 사용하고 있으며 여기에 담긴 청년들의 문화, 의식 등을 이해하는 것도 기성세대가 할 일입니다.

시민의 길

초판 1쇄 2026년 3월 1일

글쓴이 | 안성용

펴낸곳 | 도서출판 단비P&B
펴낸이 | 김준연
편 집 | 최유정
디자인 | 새와나무

등 록 | 2003년 3월 24일(제2012-000149호)
주 소 | 경기도 고양시 일산서구 고양대로 724-17, 304동 2503호(일산동, 산들마을)
전 화 | 02-322-0268
팩 스 | 02-322-0271
전자우편 | rainwelcome@hanmail.net

ISBN   979-11-6350-164-0 03300
값 20,000원